読書の技法

誰でも本物の知識が身につく
熟読術・速読術「超」入門

佐藤優

東洋経済新報社

〈書斎と仕事場〉

蔵書は約4万冊

蔵書は自宅、自宅近くの仕事場、箱根の仕事場で合計約4万冊
収納スペースは全体で約7万冊分を確保している

〈書斎と仕事場〉

本に囲まれた仕事場

自宅近くのメインの仕事場（2LDK）。ベッドもあり数日間泊まり込むことも

文房具には基本的にこだわらないが、万年筆の蒐集はささやかな趣味。手紙を書くときに使う

机や椅子へのこだわりも特にない。ただし猫の尻尾を踏まないよう、椅子の足は固定のもの

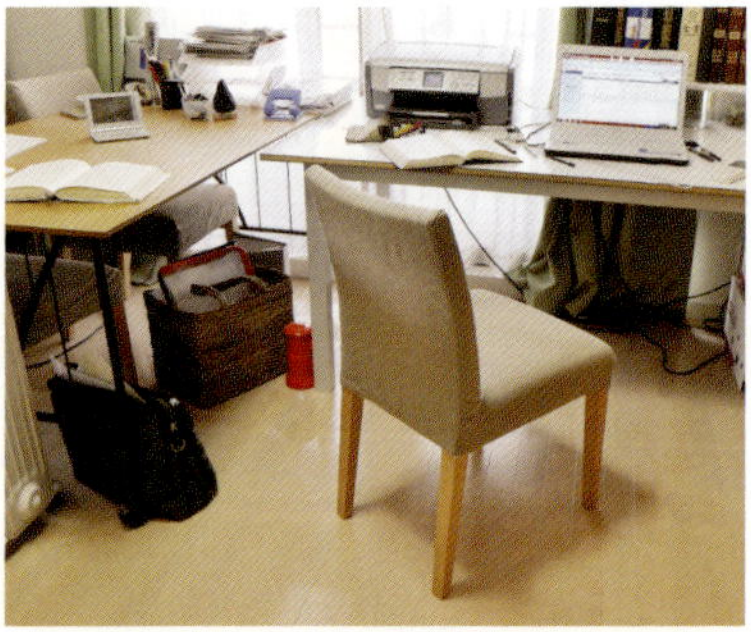

辞書や辞典とそのとき仕事に使う本を、机の右横の本棚に

机の左横の本棚。参照頻度が高く
何度も読み返す本が中心

常備用の本棚。並べる本を
時々整理して入れ替えると、発想も変わる

〈佐藤流 本の読み方〉

本は「汚く」読むことが大切

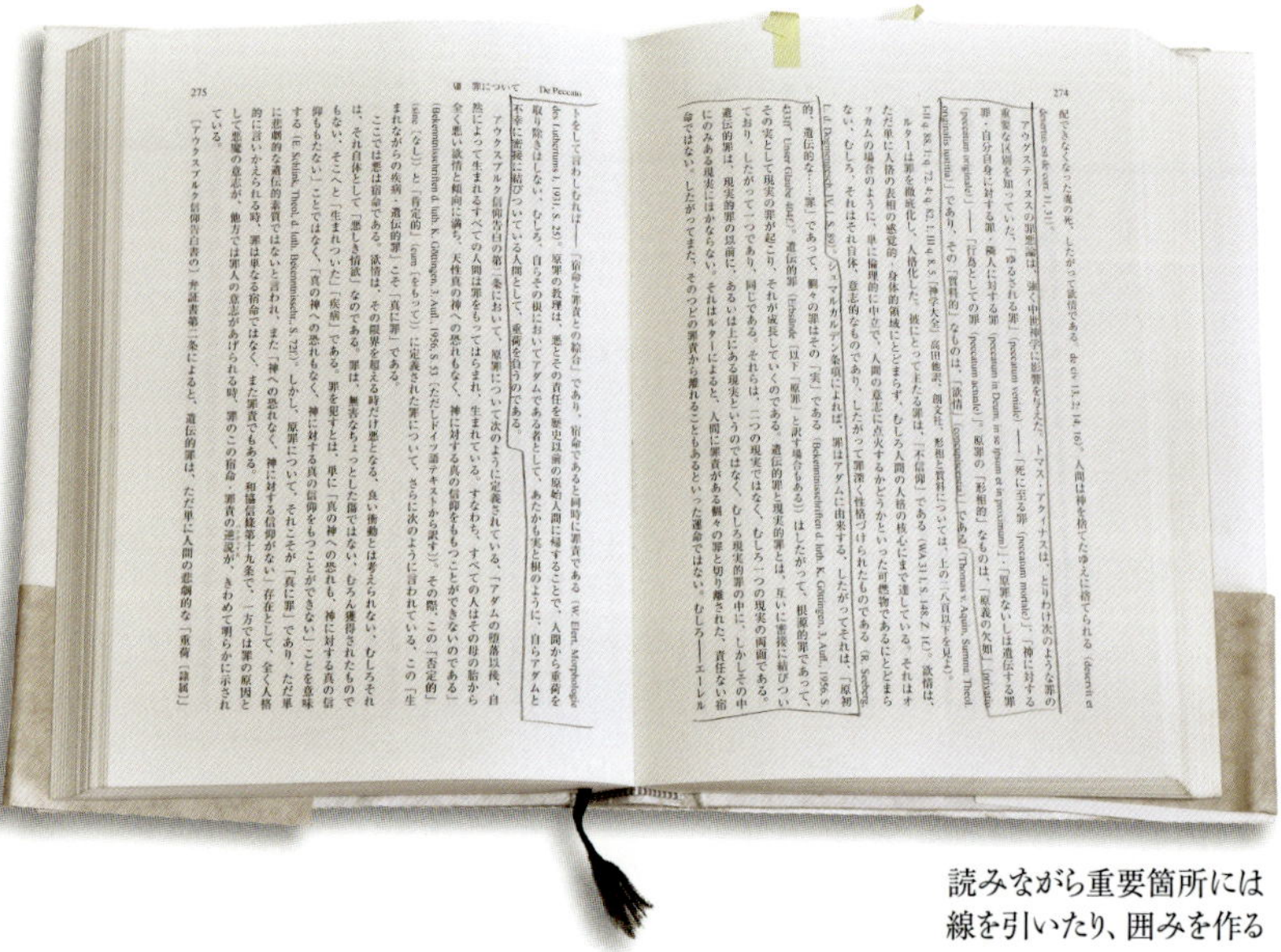

読みながら重要箇所には
線を引いたり、囲みを作る

後でわかるように付箋を貼るか、ページの端を折る

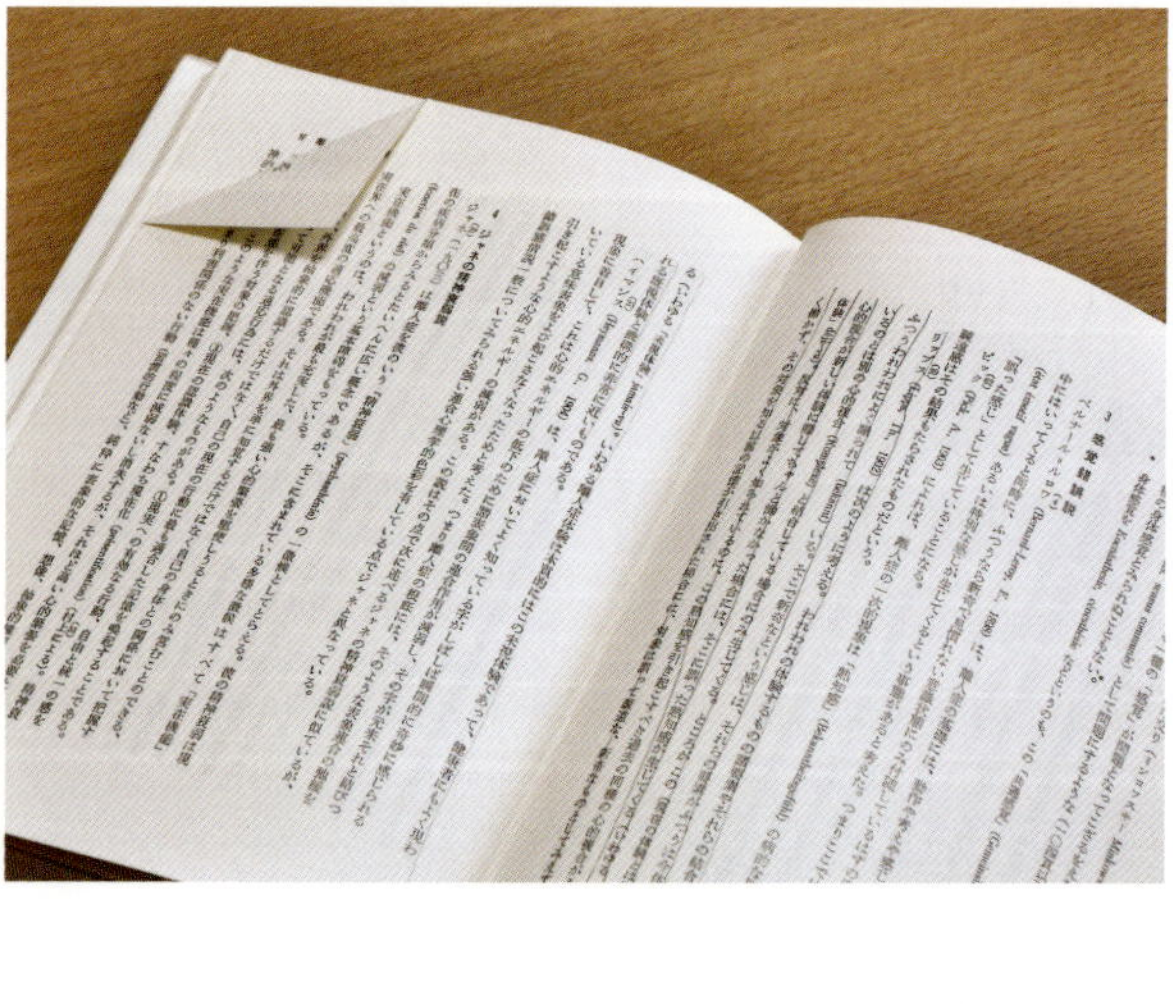

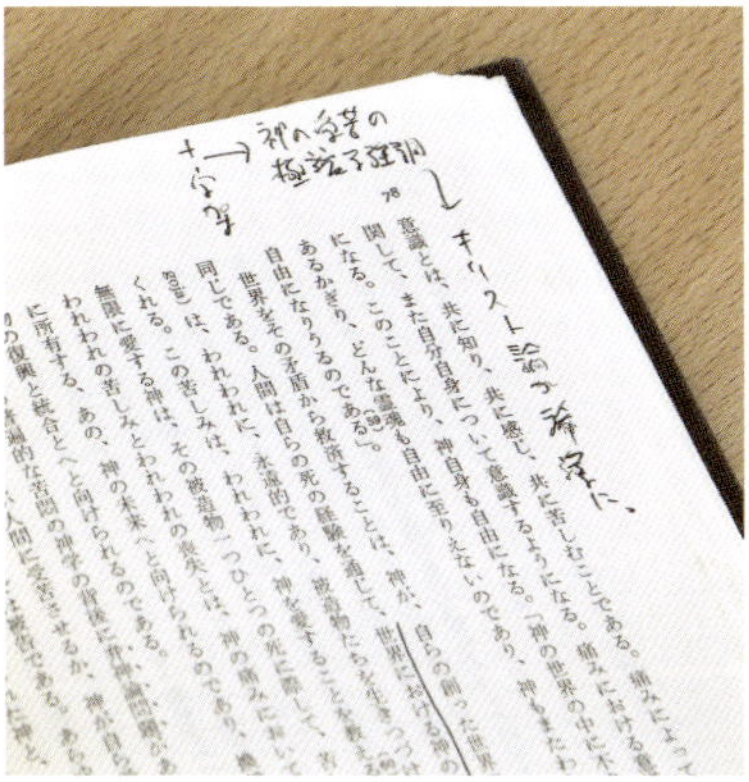

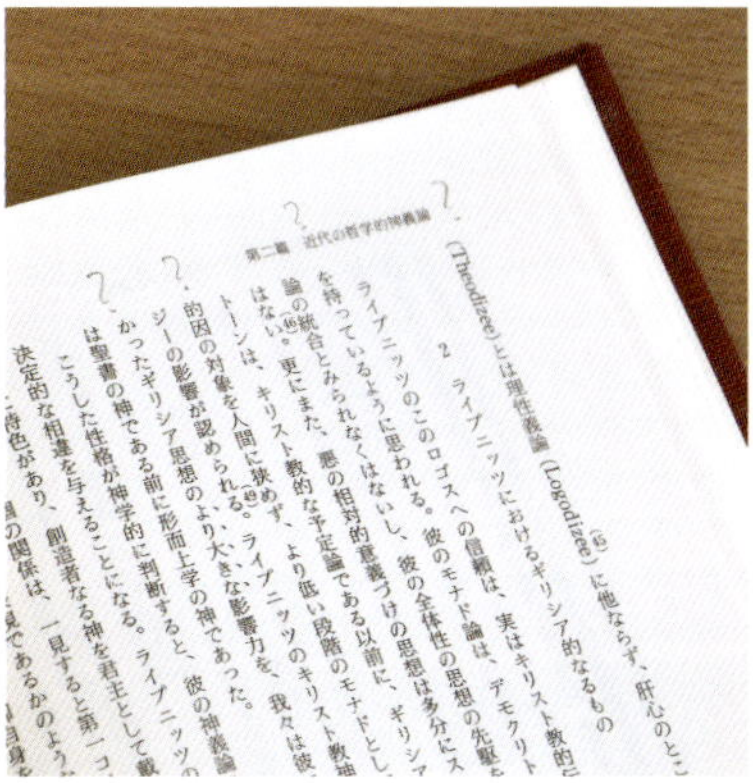

思いついたことや疑問は、本の余白かノートに書き込む

ボールペンは何でも手元にあるものを使用
シャーペンはグリップがいい製図用（芯は2B）

洋書を読むときは、定規を使う
電子辞書も必ず隣に置いておく

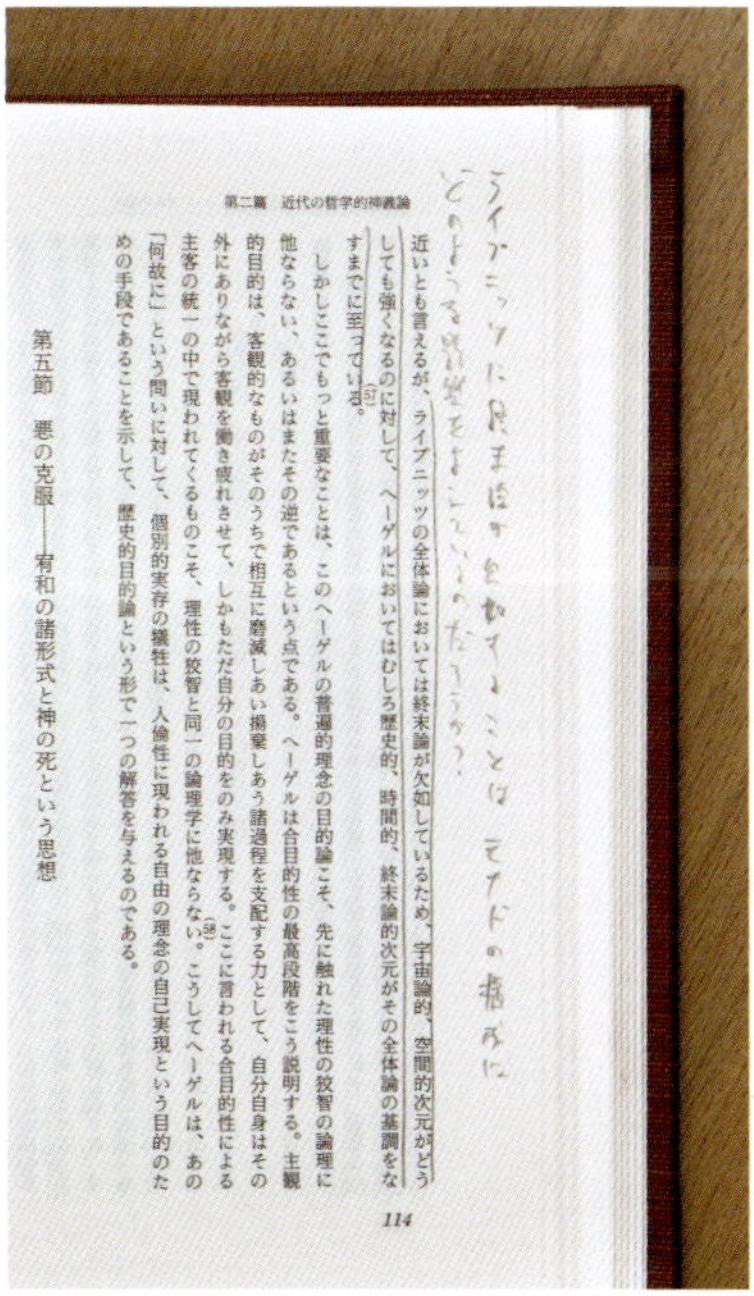

〈佐藤流 ノートの作り方、使い方〉

ぶ厚いノート1冊主義

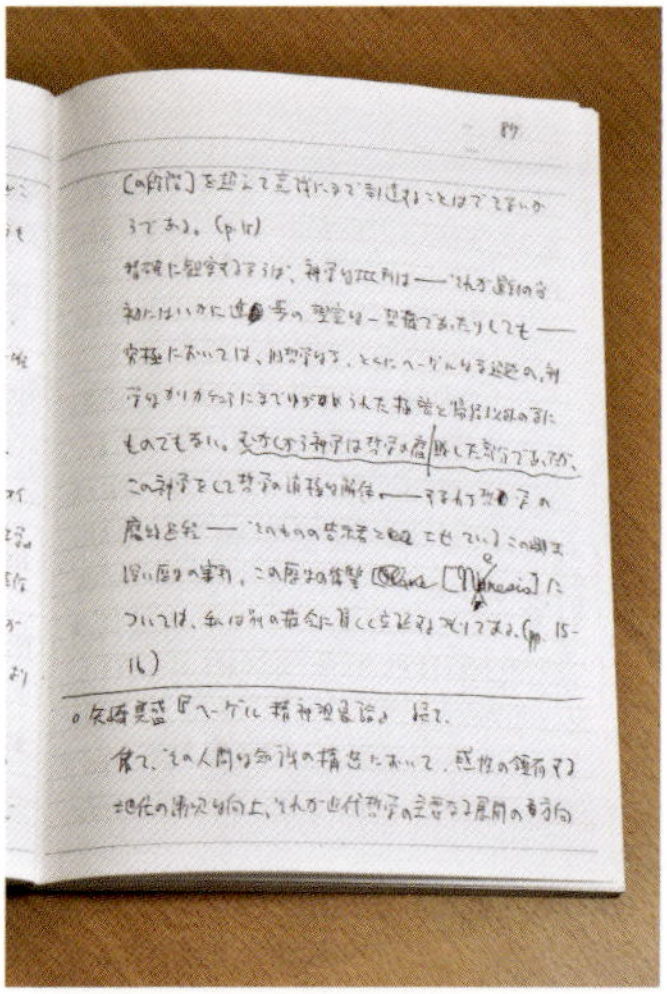

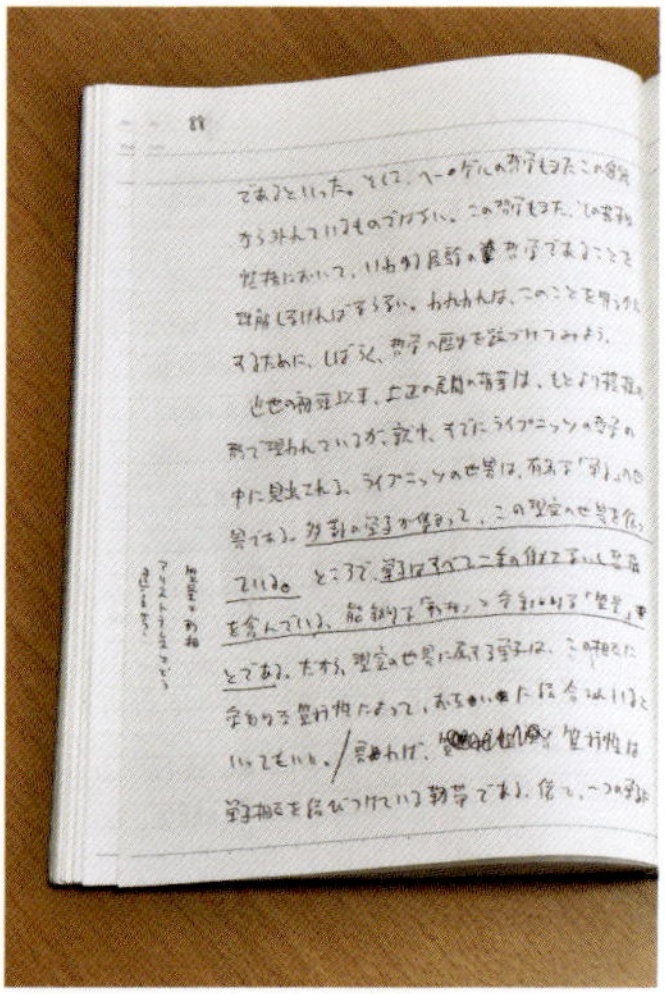

本の重要箇所をノートに抜き書きし、簡単なコメントをつける
コツは時間をかけすぎないこと

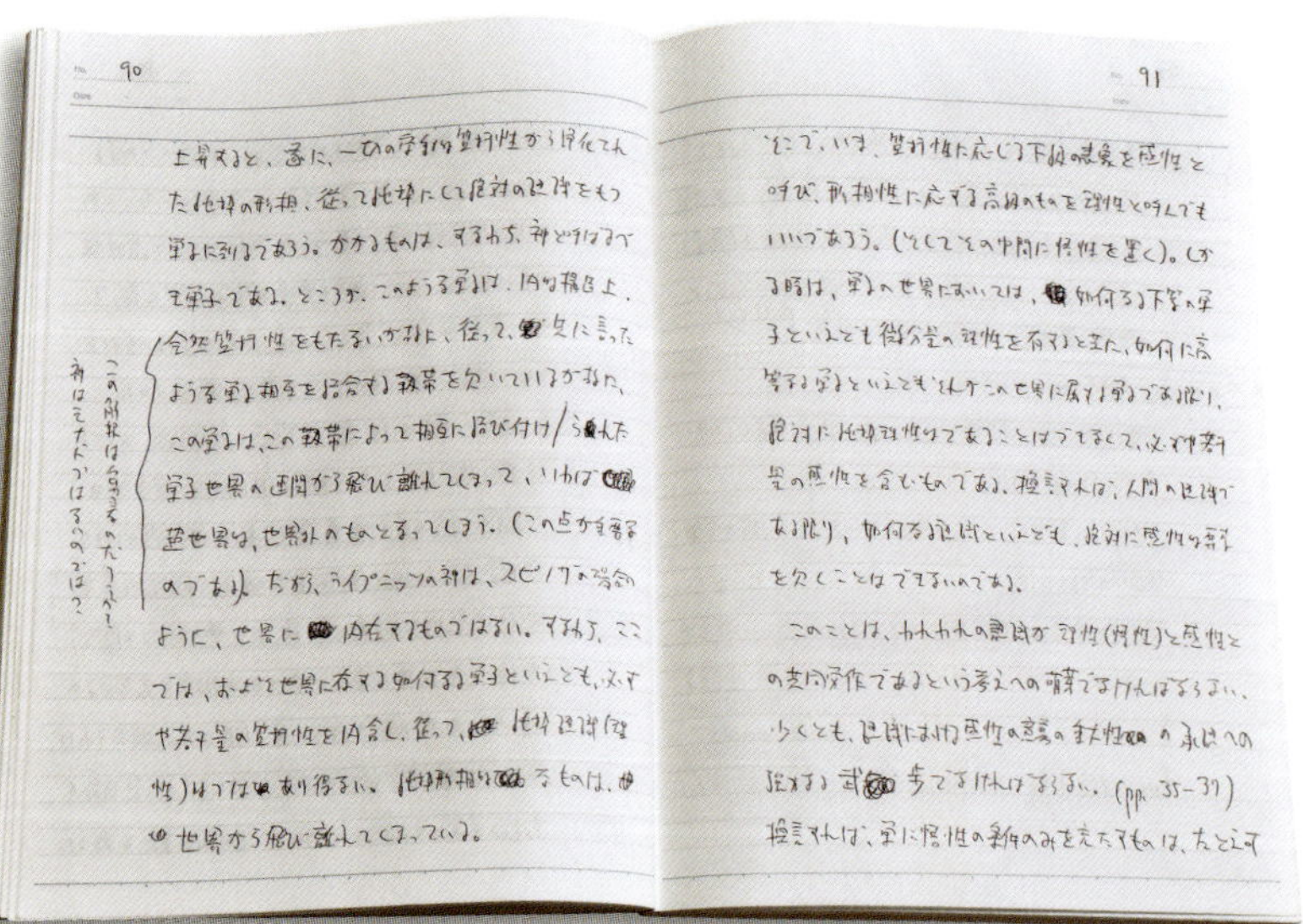

「記録」「学習」「仕事」を時系列で1冊に集約するのが最も合理的

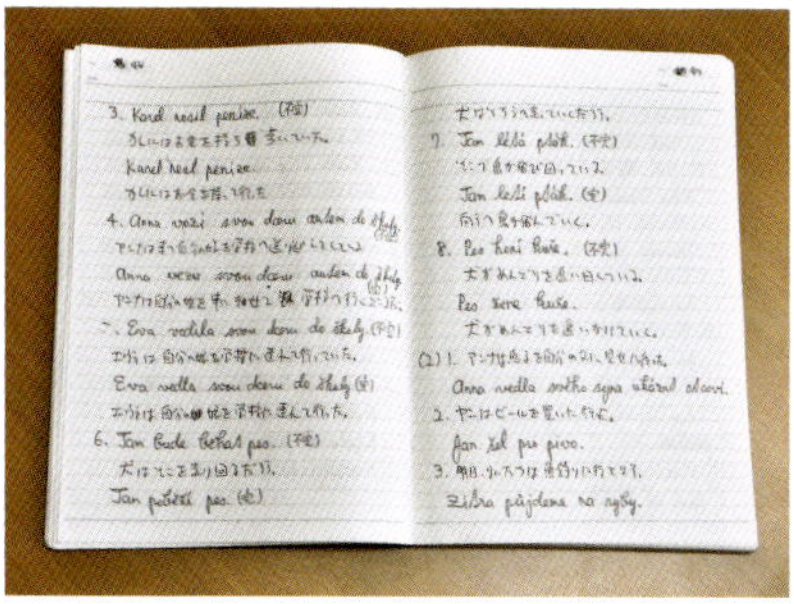

チェコ語の練習

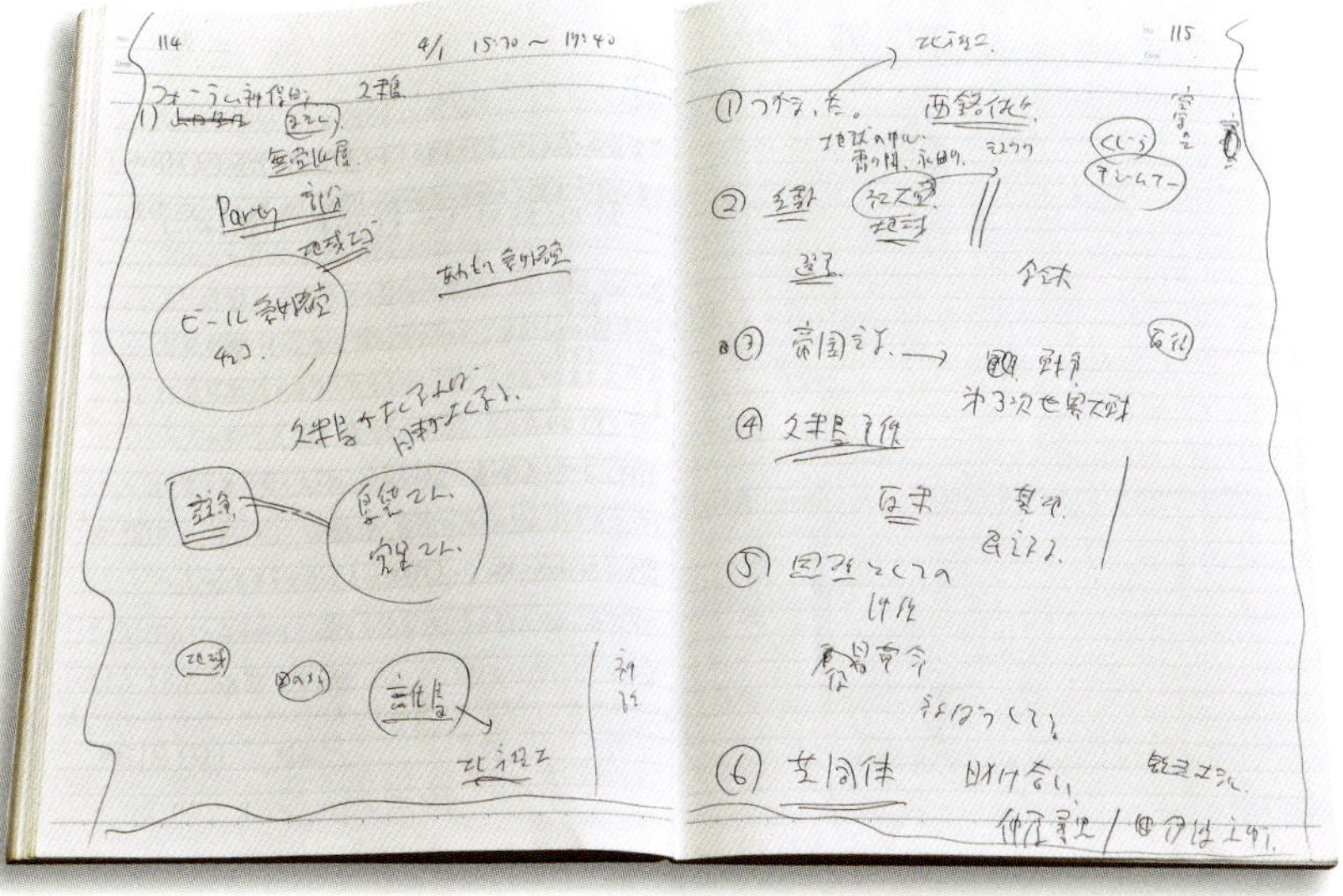

講演構想メモ

普段使っているのは、コクヨのキャンパスノート

無類の猫好き
仕事場には猫のカレンダー
猫の本や動物図鑑は熟読の対象

はじめに

◆筆者の読書術を初めて体系化

日本は現在、危機に直面している。特に2011年3月11日の東日本大震災以後、危機が可視化された。

震災から1年以上経ったのに、被災地からの瓦礫の撤去ができていない。東京電力福島第一原発事故の処理も遅々としており、国民が安心を回復するような状況からはかけ離れている。また、政治家は、当事者にとっては深刻なのであろうが、日本国民にも日本国家にも関係のない政争に明け暮れている。国民の政治不信がかつてなく高まっている。同時に「強い腕」による決断で、われわれが直面している問題を一挙に解決してほしいという願望も無意識のレベルで強まっている。それが橋下徹大阪市長に対する国民の過剰な期待となって現れているのであろう。

国際社会に目を転じると、グローバリゼーションとともに帝国主義的傾向が強まっている。

グローバリゼーションは、ビジネスパーソンの日常にも及んでいる。終身雇用制度は過去の話になった。職場における評価も、目に見える具体的数字が重視されるようになった。また、どの企業でもリンガフランカ（国際語）である英語の必要性が強調され、これまで外国語と縁がなかったビジネスパーソンの不安をかきたてている。

ニュースでは、中国の急速な台頭と自己主張の強化が伝えられる。帝国主義国は、相手国の立場を考えずに、自国の権益を最大限に主張する。相手国が怯み、国際社会が沈黙していると、帝国主義国はそれに付け込んで、自国の権益を拡大する。中国やロシアだけでなく、米国も、帝国主義的な外交を展開している。「食うか、食われるか」の弱肉強食の国際社会で、今後、日本が生き残っていくことに誰もが不安を抱き始めている。

最近の教養ブームの背景には、「知力を強化しなくては生き残っていけないのではないか」という日本人の集合的無意識が反映していると筆者は見ている。確かに「知は力」であり「力は知」である。知力をつけるために、不可欠なのが読書だ。

筆者の読書術について、全力を投球して書いたのが本書である。読書の技法というタイトルになっているが、物の見方・考え方、表現の仕方まで視野に入れているので、知の技法についての入門書と考えていただきたい。

◆正しい読書法を身につける――時間が人間にとっての最大の制約条件

なぜ、読書術が知の技法のいちばん初めに位置づけられなくてはならないのだろうか。それは、人間が死を運命づけられている存在だからだ。そのために、時間が人間にとって最大の制約条件になる。少し難しい言い方をすると、人間は、制約の中で、無限の可能性と不可能性を同時に持って生きている。読者自身の人生を振り返ってみよう。いまとは違った人生の可能性も十分あったはずだ。

筆者自身も、いまから10年前、鈴木宗男事件に連座して、東京地方検察庁特別捜査部に逮捕されることがなければ、今日、職業作家になって、こういう形で読者と出会うこともなかった。今頃、モスクワの日本大使館で、返り咲いたプーチン大統領を相手に、北方領土交渉をどのように進めるかについて、考えていたことだろう。あるいは、鈴木宗男事件で逮捕を免れたとしても、おそらく外務省の体質に嫌気がさして、外国に出てプロテスタント神学の研究をしていたか、あるいは学習塾で中学生を相手に数学と英語を教えていたかもしれない（学習塾の講師は、以前から筆者がなりたいと夢見ていた職業である。なかなか希望する職業にはつけないものだ)。

職業作家になってからも、書きたいことがたくさんある。過去3年は、400字詰め原稿用紙換算で、月1000枚を超える執筆が続いている。それでも、筆者自身が書きたいと思っていることの、10分の1にもならない。知りたいこともたくさんある。そのために、新しい情報をインプットする時間を日に最低4時間は確保するようにしている。

現在52歳の筆者は、そろそろ人生の残り時間が気になりはじめている。どんなに努力しても、知りたいことの大部分について、諦めなくてはならない。しかし、そう簡単に諦めたくない。そのときに役に立つのが読書だ。他人の経験、知的努力を、読書によって自分のものにするのだ。

正しい読書法を身につければ、人生を2倍、3倍豊かにすることができる。読書によって、数十人分の経験を身につけることができる。読書によって得られる経験には、プラスのものもあれば、マイナスのものもある。特捜検察によって逮捕されたときの出来事について記した拙著**『国家の罠 外務省のラスプーチンと呼ばれて』**(新潮文庫)は、まさに「仕事に熱中しすぎて、こういう罠に落ちてはいけません」という反面教師として役に立つ本だ。

◆なぜ速読が必要なのか？ なぜ基礎知識が大切なのか？

では、どういうことが正しい読書法の鍵となるのだろうか。それは正しい方法を身につけることである。

字面を追うことと読書は、まったく異なる。ロシア語の知識をまったく持たない人が、ドストエフスキー**『カラマーゾフの兄弟』**のロシア語原書の文字を追っても、それは時間の無駄にしかならない。日本語でも、とりあえず言葉の意味がなんとなくわかる（この「なんとなく」がくせものだ）ということと、テキストの内容を理解することは、本質的に別の事柄だ。

難しい本には、２つの範疇（カテゴリー）がある。

第一は、書かれている言葉の定義がなされておらず、先行思想の成果を踏まえていない、悪い意味での「独創的」（もっと率直に言えば、「でたらめ」）な本だ。

こういう本は、読んでも時間の無駄なので、早い段階で「読まない」という決断をしなくてはならない。本文でも強調したが、速読術は、このような読む必要のない本を排除するために必要なのである。

もちろん、現実政治の世界では、学術的、知的に箸にも棒にもかからない言説が大きな影響を与える場合もある。そのようなときは、「独創的」な本を読むことを余儀なくされることもある。しかし、その場合も、「こういう話に付き合っているのは、政治的必要性からで、真理の追究という観点からは、まったく無駄な作業だ」ということを冷静に認識しておかなくてはならない。

第二は、基礎知識がないと理解できない専門書だ。

たとえば、微分に関する知識をまったく持たない人が、金融工学の専門書を読んでもまったく理解ができないので、時間の無駄だ。あるいは、哲学の基礎知識を欠く人がドイツの社会哲学者ユルゲン・ハーバーマスの**『コミュニケイション的行為の理論』**（全3巻、未來社）を読んでも理解することができない。

もっとも金融工学の専門書の場合、偏微分方程式が出てくれば、「わからない」ということは、わかる。これに対して、ハーバーマスの場合、しっかりした日本語の翻訳があるので、なんとなくわかったつもりになってしまい、誤読する危険性が高い。

筆者は、外務省で新入省員（研修生）のロシア語の指導をしたことがある。そのときの経験に基づいて述べると、まったくの未習者よりも大学で第二外国語（もしくは第三外国語）として、中途半端な、場合によっては誤ったロシア語の知識をつけている人の成績が伸び悩んだ。最初に正しくない知識を身につけると、その矯正が必要となるので、まったくの白紙から勉強するよりも手がかかるのだ。

こういう状態に陥ることを防ぐためにも正しい方法論を身につけておく必要がある。方法を英語でメソッド（method）と言うが、これはギリシア語のメトドス（metodos）に由来する。メタ（meta）とは「～に沿って」という意味で、ホドス（hodos）とは「道」という意味である（ちなみに、国際基準の知識人として、古典ギリシア語、古典ラテン語の初歩的知識は不可欠である。特にギリシア文字をまったく読むことができないという状態では、ビジネスパーソンとしても尊敬されない。日本語でも水谷智洋『**古典ギリシア語初歩**』［岩波書店］、荒木英世『**CDエクスプレス 古典ギリシア語**』［白水社］のような優れた入門書が出ているので、最初の5課くらいをマスターしておくとよい。1回2時間で週3回の独習を2カ月すれば、ギリシア文字を読め、辞書を引けるようになる）。

◆高校レベルの基礎知識をつけるのが、最も確実で効率的な知の道

繰り返すが、知識を着実に身につけ、人生を豊かにするためには、正しい道に沿って読書をすることが重要だ。

東京・日本橋から、京都に行くことを考える。ここで東海道を選んでも、中仙道を選んでも、京都・三条大橋に到着する。しかし、奥州街道、日光街道、甲州街道を選んでしまうと、京都に行き着くことはできない。読書もこれと同じである。

まず正しい道、すなわちすでに確立されている伝統に則して本を読むことが重要だ。その意味で、読書術は基本的に保守的なのである。本書で、筆者が高校教科書レベルの基礎知識をつけておくことを強調しているのも、それが知の伝統を押さえるために最も確実で効率的だからだ。

「受験勉強が現実の社会生活の役に立たない」という認識は間違っている。社会人が大学受験のレベルで必要とされる知識を消化できていないため、記憶に定着していないことが問題なのであって、受験勉強の内容は、いずれも社会人になってからも役に立つものだ。

それがなぜできないのだろうか。ここに方法の問題がある。

日本の受験勉強に関しては、学校に合格する、資格試験に合格するということが目的となってしまっている。要するに合格という目的地を目指して「道に沿って」歩いていくので、この目的地に到達してしまうと、受験勉強で詰め込んだ知識を維持していこうという意欲が失われてしまうのである。

もっとも、受験勉強で勉強した内容は、かなりの部分が記憶の蔵に蓄えられている。あのとき勉強した知識も、仕事や人生の役に立てるために再活用するという意欲を持ち、正しい方法論、すなわちより高度な専門知識を身につけるために高校レベルの基礎知識が不可欠であるとの認識を持って、再度、教科書と受験参考書をひもとけば、その知識は確実に生きた知に転化する。

◆「何をしないか」「何を読まないか」も大切な知の技法のひとつ

正しい方法論を確立するために重要になるのは、時間という制約要因について、常に頭に入れておくことだ。

たとえば、中学レベルの数学に欠損がある場合、それを埋め、さらに高校レベルの数学を消化して、金融工学の専門書を読むことができるようになるためには、数学の準備だけで最低700時間はかかるであろう。複数の外国語を習得した経験がない人が、ゼロからロシア語に取り組んだ場合、新聞を読む語学力をつけるのに700〜1000時間がかかる。

数学や外国語の学習は、身体で覚えなくてはならない部分があるので、毎日10時間、集中的に学習するというような手法での学力向上には限界がある。毎日2時間の学習を1年から1年半続けるのは社会人にとって相当のコストだ。その時間、他の勉強や仕事に取り組むことによって期待される成果との機会費用について考える必要がある。

外国語がそれほど得意でないビジネスパーソンから「ロシアで仕事をすることになるので、どうやってロシア語を勉強したらよいでしょうか」と尋ねられると、筆者は「200時間くらい集中して、日本人の先生からロシア語文法をきちんと教わることと、1500語くらいの日常生活に必要な単語を丸暗記することをおすすめします。その知識があれば、生活に困ることはありません。仕事で必要なロシア語についてはよい通訳を雇うことをすすめます。機会費用を考えた場合、これからロシア語を勉強することはすすめません。それよりも高校レベルの英語を復習するほうが役に立ちます。ロシア人もビジネスに従事する人たちは英語を解します」と助言している。正しい方法論には、捨てる技法も含まれる。

本書で筆者が展開した読書術を、読者自身の生き残りと、読者が働く会社（役所）、さらに日本国家の生き残りのために、最大限に活用してほしい。

＊本文中の引用は、用字・ルビ・太字・傍点などを含め、原文のままである。

読書の技法——

［目次］

第2章◆熟読の技法——基本書をどう読みこなすか　047

第3章◆速読の技法――「超速読」と「普通の速読」 075

第II部　何を読めばいいか

【世界史】

【日本史】

第Ⅲ部 本はいつ、どこで読むか

カバー・帯・口絵写真　吉野純治
ブックデザイン　上田宏志［ゼブラ］
DTP　クールインク／ゼブラ

第I部 本はどう読むか

第1章 多読の技法

――筆者はいかにして大量の本を読みこなすようになったか

◆月平均300冊以上には目を通す
――多い月は500冊を超える

正確で深い情報を入手するためには、書籍をどう読むかが鍵になる。

講演会の後、主にビジネスパーソンと次のようなやり取りをすることがよくある。

――佐藤さんは、月に何冊くらいの本を読みますか?

「献本が月平均100冊近くある。これは1冊の例外もなく、速読で全ページに目を通している。それから新刊本を70〜80冊、古本を120〜130冊くらい買う。これも全部読んでいる」

――信じられません。1カ月に300冊以上の本を読むなんてできるはずがありません。

「そうでもないと思う。ここ数カ月はＴＰＰ（環太平洋戦略的経済連携協定）について勉強するために、月５００冊を超える本に目を通している。それに、僕が現役外交官時代、毎朝、公電（外務省で公用で使う電報）が机の上に20センチくらい積まれていた。Ａ４判の公電用紙で８００枚はある。４００字詰め原稿用紙に換算すると１５００枚の情報が入っていて、その中には英語やロシア語の文章もある。新書本に換算すると４～５冊分の情報量だ。これを僕だけでなく、情報を担当する外交官はだいたい２～３時間で処理する。そうしないと仕事をこなすことができない」

情報を担当する外交官としての経験を3年くらい積むと、８００枚程度の公電なら、ざっと目を通すもの、読まないで済ませるもの、熟読するものに30分くらいで仕分けできるようになる。

人間の能力には限界がある。それだけの公電を2～3時間で読むことはできない。しっかりと頭に入れておかなくてはならない情報を選別する作業を30分くらいで行い、残りの時間はここで選ばれた重要情報だけを丁寧に読むのである。

読書術にもこの方法を応用することができる。

◆熟読している本は月に平均4~5冊

「熟読できる本の数は限られている」というのは、読書の技法を考えるうえでの大原則である。

読書に慣れている人でも、専門書ならば300ページ程度の本を1カ月に3~4冊しか熟読できない。複雑なテーマについて扱っている場合には2冊くらいしか消化できないこともある。重要なのはどうしても読まなくてはならない本を絞り込み、それ以外については速読することである。

1カ月に熟読することができる本が3~4冊ならば、それ以外の本は速読することを余儀なくされる。

筆者が毎月目を通している300冊のうち、熟読している本は洋書を含めて平均4~5冊である。500冊を超える場合でも、熟読しているのは6~7冊だ。熟読する本を2冊増やすのは、そう簡単なことではない。

熟読する以外の本は、速読、超速読のいずれかで処理する。次章以降で詳しく述べるが、1冊5分程度で処理する「超速読」が240~250冊、30分から2~3時間かけて取り組む「普通の速読」が50~60冊である。

もっとも速読する場合も、その本に書かれている内容についての基礎知識がなければ、そもそも読書にならず、指で本のページをめくっているにすぎない。そういう指の運動を速読とは言わない。

逆に基礎知識が身についているならば、既知の部分を何度読んでも時間の無駄だ。新たな本を読むとき既知の内容に関する部分は読み飛ばし、未知の内容を丁寧に読む。このように速読を行うことによって時間をかなり圧縮することができる。

筆者の専門分野であるインテリジェンスやロシアについての新刊本であるならば、まったく新たに知る事項は5～20％程度である。その部分だけを熟読すればよい。それで時間を節約できる。

◆本格的に本を読み始めたのは中学1年生から

もちろん、誰であれ、最初から速読、超速読を駆使して大量の本を読みこなせるわけではない。筆者にもさまざまな試行錯誤があった。読者の参考になる部分もあるかと思うので、簡単に読書遍歴を紹介したい。

筆者が本を読み始めたのは遅く、中学1年生になってからだった。小学校6年間で読んだのは、学校の課題図書を除けば、数冊程度だったと思う。小学生のころは、プラモデルとアマチュア無線に夢中の理系少年だった。

父親は技術者で、文学にはまるで関心がなかった。母親は小説好きだが、戦後、キリスト教の洗礼を受け、カルヴァン派のピューリタニズムの系統だったため、子どもに小説を読むのをすすめることはなかった。

両親共に「本を読め」という家庭ではなく、本が身近にある環境でもなかった。陸軍航空隊に通信兵として従軍した経験があり、戦後は都市銀行に電気技師としてつとめた父親が買ってくれたのは、**『ハムになる本』**（CQ出版社）、**『日本軍用機の全貌』『日本傑作機物語』**（共に酣燈社）、**『新初等数学講座』**（全10巻、ダイヤモンド社）くらいだ。いまでもタイトルを正確に覚えているのは、それくらい数が限られていたからである。

最初に読書の面白さを教えてくれたのは、中学1年生から通い始めた学習塾の国語の先生だった。

早稲田大学商学部出身の元出版社勤務の先生で、「中学1年生も大学生も、国語力はあまり違わない。漢字だけきちんと覚えて、よい作品に幅広く触れることが大切だ」と、生徒に小説を読むことをすすめてくれた。

「世の中で起きていることをそのまま記述していく、それが近代的な小説の基本で、小説は物の考え方の基本になる。だから自然主義からスタートしたほうがいい」と最初に指定されたのは、モーパッサンの短編「首かざり」（『**モーパッサン短編集2**』所収）だった。先生は解説が優れ、ルビが丁寧な旺文社文庫版をすすめたが、家の近くの本屋には新潮文庫版しかなく、それを買った。

小説をきちんと読んだのは初めてだったが、その中で描かれている登場人物の虚栄心に驚き、それが読書を面白いと思った最初の経験だった。

次に、同じ新潮文庫で太宰治の『**晩年**』を読み（中学校で配られた副読本に一部が載っていた）、島崎藤村の『**破戒**』、田山花袋の『**蒲団**』、夏目漱石の『**こころ**』と続いた。どれも入学試験に出るものばかりで、読み終わるたびに先生が作品について解説してくれ、『こころ』については「人間の内面の問題に入っていく、それが近代と関係している」と教えてくれた。

その後、フロベール、カミュ、ツルゲーネフ、チェーホフなど世界文学を読み漁り、気がつくと、学校から帰ると本を読み、学習塾の往復でも読む生活になっていた。その結果、学校の成績も上がり、このころ、理系から文系少年になった。

両親は読書を強要はしなかったが、反対することもなかった。「本は借りて読むものではない」と、父親は欲しい本は惜しみなく買ってくれた。

中学校入学前にはまったくなかった本棚が、1年生で1本でき、3年間で4本になった。学習参考書が50冊ほどあったが、3年間で合計800冊ほど読んだことになる。

◆高校に入って哲学書に目覚める

高校に進学すると、読書の関心は小説から哲学書に移っていった。

生徒会本部の友人に誘われて入った文芸部には、いま考えても文才のある人間が大勢いた。作家志望、編集者志望の先輩や同年生が多く、いつも小難しい本の話ばかりしていた。

マルクス主義や実存主義の本を読むのが当時の流行だった。読んでいない本があると「読め」とは言わずに、「佐藤君、ルカーチの**『歴史と階級意識』**は読んだか?」という言い方をし、読んでないと馬鹿にする空気があった。

筆者がそれまでに読んだことのあったマルクス主義関連の本は、マルクス/エンゲルス**『共産党宣言』**(岩波文庫)と、エンゲルス**『空想より科学へ』**(岩波文庫)の2冊だけで、しかも論理構成をきちんと理解できたとはとても言えなかった。

読書には順番があり、手続きがある。我流で字面だけ追う読書は、特に哲学書の場合、誤読する可能性も高いので、むしろそういう読書はしないほうがいいのだが、当時はそこまで知恵が回らなかった。

これくらいの年齢のときは相当背伸びをした読書をする。基礎知識が欠けた状態で哲学書を読み始めたため、結果として、神学部でもう一度、すべて読み直す羽目になったが、それでも哲学書の面白さに目覚めたことには大きな意味があったと思う。

最初からその手の本をなんとか読みこなせたのは、中学時代の読書習慣に加えて、高校1年生のときにたまたま行った書店（大宮駅東口にいまもある老舗の押田謙文堂）の店員がすすめてくれた入門書が優れていたからだ。

大井正／寺沢恒信『**世界十五大哲学**』（富士書店）は説明が丁寧でわかりやすく、術語がわかりやすく定義されていた。この本のおかげで、哲学の入り口を間違えずに済んだ。悔しいから背伸びしながら哲学書や思想書を読み始めたが、足下を固めながらの背伸びだったのは幸いだった。

最初に読んだのはサルトルの『**壁**』で、次に『**方法の問題**』を読んだ。人文書院から出ているフランス調の装丁の『**サルトル全集**』が町の本屋にも並んでいる時代で、値段は600円程度だったと思う。

サルトルやカミュなどの実存主義から、マルクスやルカーチなどのマルクス主義系、そしてヘーゲル哲学と下っていく読み方で、数学が比較的好きだったこともあり、ウィトゲンシュタインにつながる分析哲学系の入門書も読んだ。なかでも、マルクス主義系の本が多かったのは、論理の整合度が高く、社会を動的にとらえることに優れていると感じたからだ。

高橋和巳、倉橋由美子、遠藤周作、筒井康隆、安部公房など、小説も読むには読んだが、中学校に比べて数はめっきり減った。

哲学書が中心になったため、3年間で読んだのは400冊程度だと思う。本棚は4本から5本になった。哲学書は高い本が多く、本代は月に2万円かかることもあった。

◆神学部で身につけた熟読の技法

同志社大学神学部に進むと同時に、本の読み方も一変した。何より読書以外の基礎的勉強にかなりの時間をとられることになった。

神学部では、まず語学の勉強に膨大な時間をとられる。神学書は需要が少ないので翻訳があまりなく、英語とドイツ語で読むことが必須になる。筆者は英語とドイツ語以外に、(新約聖書が書かれている)コイネー・ギリシア語、古典ギリシア語、ラテン語、ヘブル語に加えて、チェコ語と朝鮮語を勉強した。

それと同時に、神学を学ぶには、哲学の知識が必要になる。シュライエルマッハーも言うように、神学はその時代の哲学の衣装を着ており、その時代時代の哲学の言葉を借りて概念を表す。神学を勉強するには、同時代の哲学についても学ばなければならない。

このとき、2つのことを決めた。ひとつは小説を読むのをやめること。もうひとつはテレビを遠ざけること。テレビは当時付き合っていたガールフレンドにプレゼントし、下宿先に持ってきた中高時代に読んだ小説も、大半を友人や後輩にあげてしまった。

授業と新左翼系の学生運動、友人や先輩、先生と酒を飲む以外のほとんどの時間を読書に費やした。

学生運動活動家は朝が遅く、午後4時ごろ学校に来る。筆者は中学生のころから睡眠時間が4時間程度と短く、どれだけ夜更かししても、午前10時には神学部の図書館に行くのが日課だった。神学書を読むには、まわりに参照用文献をたくさん置いておかないと内容が理解できない。古典ギリシア語辞典、コイネー・ギリシア語辞典、神学事典、それに代表的な哲学書も、翻訳があるものは参照する。

自宅や喫茶店では、語学の学習書や哲学書を読んだ。当時京都で流行っていた虚無僧バッグに、20冊くらいの本をいつも入れて持ち歩いていた。関心分野ごとに、6〜7人の有志が集まる読書会もよくやった。一冊の本を徹底的に議論しながら読むので、『**ヘーゲル初期神学論集Ⅱ**』（以文社）に収録されている「キリスト教の精神とその運命」など、日本語で読んでも1回で4行しか進まないことも少なくなかった。

このころ、石井裕二神学部長が、中世の図書館について話をしていたのが、いまでも印象に残っている。中世の図書館では、本は学生に1冊しか貸してくれず、その本をすべて筆写し終わるか、完全に暗唱するまでは、次を貸してくれなかった。紙とインクはとても高価だったので、簡単には筆写できず、学生は皆、暗唱した。ノルマの本を完全に消化するために、神学部を卒業するまでに15〜16年かかったという。

大学時代の本の読み方は、いま思えば、こうした中世の本の読み方に似ていたと思う。熟読の基本は、このときに身についたものである。

◆「時間が無限にある」と錯覚していた非効率な読み方

ただし、いま思えば、極端に遅い読み方をしていて、非効率な面も少なくなかった。当時は「時間が無限にある」と思っていて、時間が伸び縮みすることを理解していなかった。

たとえば、ドイツ語の神学書や哲学書を読むときも、まずは原文をノートに書き写し、辞書を見て自分で訳文を作る。出来上がった訳文を、日本語の翻訳と比べてみて、日本語の翻訳に納得できない場合は、今度は英訳を持ってきて照らし合わせる。こんなふうに我流の熟読をしていた。無駄を相当していたし、極端に時間をかけたから知識がその分身につくかというと、そんなことはない。

また、「完璧主義」が裏目に出て、ノート作りも非効率だった。

テーマごとにノートをたくさん作りすぎたり、一度メモ用紙に書いたものをノートに清書したりするなど、一言で言えば、まったくものになっていなかった。「ノートはきれいに使わなければいけない」という強迫観念から抜け出せていなかった。

当時は両親からの仕送りが月12万円。育英会の奨学金が6万8000円。それに加えて、神学部の先生が「ウンベルト・エーコの『**記号論**』のポイントを、カードに抜き書きしておいて」というような、翻訳やノート整理のアルバイトを回してくれ、そのバイト代が月8万円ほどあった(外務省に入ったときの初任給は8万7000円だった)。先生にそうした必要があったわけではなく、学生にお金が流れ、かつ読書や知識の偏りをなくすよう配慮してくれたのだと思う。

そのおかげで幸いにも本を買うお金には困らなかった。図書館の本は書き込みできないうえに、そもそも高額な神学書は持ち出しもできない。しかし、特に洋書は書き込みが必須になる。そのため時には1冊6万円、8万円する高額の洋書も必ず買っていた。

大学6年間で読んだのは、冊数にすれば600～700冊ほどだ。それまで150センチだった本棚が180センチと高くなり、本数も2本増えて7本になった。

ただし、現在のように、本を大量に購入してから速読、超速読で本を精査する読み方はしていなかった。そうした読み方をする必要もなかった。速読の必要性に迫られるのは、外務省に入省後、特にモスクワに赴任してからである。

◆読書どころではなかった入省後の2年間

1985年4月に外務省に入省すると、生活は文字通り一変した。本をまったく読めない日が始まった。

最初の1カ月は研修で、初めて学ぶロシア語漬けの毎日だった。研修自体は17時半に終わっても、その後4時間はかかる宿題が毎日のように出る。

5月1日に研修生（見習外交官）として欧亜局ソビエト連邦課の配属になると、朝9時には必ず来て、終わるのは連日、夜中の2時、3時になった。研修生でまるで戦力にならなくても、コピー取りや清書係（ワープロがない時代だった）で徹夜になることも珍しくなかった。1986年の東京サミットの準備では、本当に2時間睡眠の連続で、倒れる人も出た。健康管理も能力のうちだと見なされた。正直、研修期間中は読書どころではなく、どんな無理をしても与えられた仕事をこなし、人に迷惑をかけたらまずいというプレッシャーをいつも感じていた。

1年後にイギリスの陸軍学校に語学留学になると、ロシア語漬けだけの毎日になった。午前8時から正午まで文法の授業、午後1時から4時までが会話、その後4～5時間はかかる宿題が毎日出る。週に1回単語テスト、月に1回文法・解釈・作文のテストがあり、百点満点で80点以下を2回とると退学になる。ロシア語は25人程度のクラスが2つあったが、実際に筆者のクラスからは4名が学業不振で退学になった。

しかし、そうした生活にも慣れてくると、神学や哲学について話す機会があまりなく、知的欲求不満にかられるようになる。そこで、学校の授業がない水曜の午後と土曜日に、ロンドンやオックスフォードまで本屋巡りをし、学生時代から買いたかった本を大量に買い漁った。

当時、日本で6～7万円した本が、20～30ポンド、すなわち1万円程度で買えた。5～6倍の価格差があるうえに、古本に関しては、日本では買う術がまだいまほどなかった。買えたとしても、日本では不当に高い値段だった。それだからイギリスの古本屋で神学書や哲学書を夢中になって買い集めた。それがモスクワ赴任後、役立つことになった。

◆民族問題の担当で必要に迫られた速読の技法

読書生活が戻ってきたのは、1987年8月末にモスクワに赴任になってからである。当時の外務省のロシアスクールの研修システムでは、アメリカかイギリスの陸軍学校でロシア語の基礎を1年間学んだ後、キャリア職員（当時の上級職、現在のI種職員）とノンキャリア（専門職員）ではコースが違った。

キャリア職員は米英の大学でさらに1年間ソ連研究を行い、その後、モスクワ大学で研修するが（研修期間は合計で3年）、筆者のようなノンキャリアの場合は、米英の陸軍学校での研修後、ただちにモスクワ大学での研修になる（研修期間は合計で2年）。そして研修終了後、大使館（もしくは総領事館）で勤務する。1988年6月から筆者は、モスクワの日本大使館で勤務することになった。

大使館での筆者の仕事は、書類運びと保管、コピー取りに始まり、灰皿の掃除、朝のお茶汲み、上司の指示で行う新聞記事の下訳、平日の午後に一度行われるソ連外務省プレスセンターでの記者会見を週1〜2回傍聴し、記録を作成することだった。

大使館ではソ連を構成する15共和国の新聞をすべてとって2年程度保管していたが、その整理係を筆者がしていた。他の若手外交官は新聞や雑誌の整理のような地味な仕事は嫌がったが、筆者には楽しかった。

1989年初め、大使館勤務について半年ほど経ったころだと思う。地方紙を整理しているうちにアルメニア共産党兼政府機関紙の『コムニスト』とアゼルバイジャン共産党兼政府機関紙の『バキシスキー・ランボーチ（バクーの勤労者）』が、ナゴルノ・カラバフ問題を巡って、相手を相互に激しく非難していることに気づいた。それとともにリトアニア共産党兼政府機関紙の『ソビエッカヤ・リトワ』、ラトビア共産党兼政府機関紙の『ソビエッカヤ・ラトビア』、エストニア共産党兼政府機関紙の『ソビエッカヤ・エストニア』が、スターリン批判や、ソ連による沿バルト三国の併合が違法であったとの論評記事を多数掲載していることに気づいた。

1988年2月にエレバンでの150万人集会、スムガイト事件が発生し、ソ連の民族問題はかなり深刻になっていたが、当時の大使館には意味を解説できる人間がいなかった。そこで、筆者がアゼルバイジャンとアルメニアの新聞記事を比較したデータに基づき、ナゴルノ・カラバフ問題がソ連南部の安全保障を危うくする深刻な民族問題であるという見方の報告書を作成し提出すると、上司はとても高く評価してくれた。

その日から、筆者が民族問題の担当官になった。コピー取り、掃除、翻訳の下請け、記者会見のメモ取りに加え、筆者自身が責任を持って担当する事項が初めて与えられ、自分自身で何らかの判断や評価をしなくてはならない複雑な仕事も任されるようになった。このときから、筆者は情報分析官への道を歩み始めたのだ。

民族問題は、勉強するのに時間がかかるが、いったん大きな流れや論理構造が理解できると、民族問題だけでなく人種問題や格差問題や宗教紛争など、応用が非常に利く分野でもある。

筆者自身、民族問題を専門的に勉強したわけではなかったが、民族問題は宗教と隣接している。そういう意味では幸いにも基礎知識があったとも言える。

このときに、仕事上の必要に迫られて、初めて「速読」を意識するようになった。民族問題について正確で迅速な判断をするには、前提となる基礎知識に加えて、膨大な情報を適宜処理する必要がある。

日本から持参した哲学書やイギリスで買い漁った神学書に加えて、たとえば全12巻の百科事典『**ロシアの諸民族**』を半年かけて熟読した。そうして基礎知識を強化する一方で、『**ラトビアの民族情勢**』や『**タジキスタンの民族情勢**』『**ヴォルガ地区のドイツ人**』などソ連科学アカデミーから出ていた学術書を集め、必要なものを精査し、徹底的に読み込んでいった。

当時はルーブルが暴落していて、500ページの学術書が1冊20～30円程度で買えた。また、筆者がよく通っていたソ連科学アカデミー民族学研究所（現ロシア科学アカデミー民族学人類学研究所）の建物の裏に、学術書をたくさん揃えている「アカデミヤ」という本屋があり、一般客とは別に科学アカデミー会員および準会員専用の売り場が扉の裏にあった。そこで一般の書店では入手困難な学術書が手に入った。

手当たり次第に学術書を収集し、必要な本を精査し、読む。

このときに、「速読」の技法が確立された。

◆筆者が接した「知の巨人」たち

ソ連崩壊後は母校のモスクワ大学で客員講師もつとめ、また内政を担当しさまざまな要人と接したおかげで、ロシアでいろいろなインテリと付き合うことができた。「この人にはかなわない。頭の出来が違う」と思った人はそれほど多くなかったが、何人かの「知の巨人」たちから学んだことは大きい。

拙著**『自壊する帝国』**（新潮文庫）で詳しく書いたアレクサンドル・カザコフ（俗称サーシャ）はまさに早熟の天才だった。外国語の学習のような地味な作業が嫌いなので、読書はロシア語に限られていたが、古今東西の知識に実に通暁していた。

サーシャは部屋に籠もり、ものすごい勢いで本を読む。とにかく読むのが早い。1日に学術書を700ページから1000ページくらい読む。ノートはとらない。気晴らしだと言って、その合間に小説を読み、それが同じくらいのページ数になる。1日に20～30冊も速読で読み、内容もきっちり理解していた。

学識については、グルジア出身で、民族学人類学研究所のコーカサス部長をつとめていたセルゲイ・アルチューノフ先生の域を超える人に、いままでの人生で出会ったことはない。

学問的手続きをきちんと踏んだうえで、外国語も英語、ドイツ語、フランス語、日本語、アルメニア語、グルジア語、イヌイット（エスキモー）語等を自由に操り、他に20カ国以上、つまり計30カ国語を解した。著作も多く、いつも新しい語学にチャレンジしていて、「いま何をやっておられるんですか?」と尋ねると、「アディゲ語の文法構造について研究しています」と言う。アディゲ語はコーカサス言語のひとつである。

まさに天才かつ「歩く百科事典」で、ロシア科学アカデミー準会員(民族学部門ではロシア全体で二人しかいない)で、米国カリフォルニア大学サンタバーバラ校客員教授でもあり、国際的にもその権威は認められている先生だった。

◆「知の巨人」から学んだ基礎知識の大切さ

筆者が、サーシャやアルチューノフ先生の膨大な読書量から学んだのは、その見た目の読書量ではない。そうではなく、その根底にある基礎知識と強靭な思考力と、それを身につけるための熟読法である。

上辺の読書量だけを真似してもまったく意味がなく、また真似することもできない。基礎知識があるからこそ、該当分野の本を大量に読みこなすことができるのだ。

ロシアの知的エリートは、大学入学前に徹底的に教科書を読み込む。特に歴史と国語の教科書は、質量共に日本語の教科書を遥かに凌駕している。1年ずつかけて古代史、中世史、近代史、現代史を学ぶが、それぞれの教科書が500ページほどある。国語の教科書はそれ以上に厚い。

日本でも、大学受験のために歴史を丸暗記する学生は少なくない。しかし、歴史の論理を理解しないまま丸暗記するので、大学入学後しばらくすると、ほとんど忘れてしまう。ロシアやイギリスの知的エリートは、きちんと理解したうえで徹底的に暗記につとめるので、その知識が血肉となり、将来応用が利くものになる。

そうした基礎知識を高等教育までで徹底的に詰め込むからこそ、大学入学後、驚くほどの速度で大量の本を読みこなすことができるのである。

筆者自身、鈴木宗男事件に連座して、「鬼の特捜」（東京地方検察庁特別捜査部）に逮捕され、512日間の拘置所生活を送ったが、そこで学術書を中心に220冊を読み、抜き書きや思索メモなどを綴った読書ノートを62冊作ったことは、後々の読書生活と執筆生活に大きくプラスに作用している。

なかでも、**『岩波講座 世界歴史』**（全31巻、岩波書店）と**『岩波講座 日本歴史』**（全23巻、岩波書店）を通読し、世界史、日本史についての基礎知識を強化できたことは大きい。

たとえば、エマニュエル・トッドの**『移民の運命』**や**『デモクラシー以後』**（共に藤原書店）は難解な本だと言われるが、『岩波講座 世界歴史』の第26巻、第27巻、第28巻を熟読し、背後にある民族問題や歴史をきちんと押さえていると、さほどの労なく読むことができる。フリードリヒ・リストの『**経済学の国民的体系**』（岩波書店）も同様である。

本書で繰り返し強調するように、読書の要諦は、この基礎知識をいかに身につけるかにある。

基礎知識は熟読によってしか身につけることはできない。しかし、熟読できる本の数は限られている。そのため、熟読する本を絞り込む、時間を確保するための本の精査として、速読が必要になるのである。

次章では、読書術の肝である熟読の技法について、まずは詳しく説明する。

第I部

本はどう読むか

第2章

熟読の技法

——基本書をどう読みこなすか

◆本には3種類ある
——「簡単に読むことができる本」「そこそこ時間がかかる本」「ものすごく時間がかかる本」

よく読者から速読法に関する質問を受ける。

「佐藤さんはロシアで覚えた速読術で1時間に300ページの本を2～3冊も読まれると書いていますが、具体的にどのような速読術なのでしょうか。また、どのような訓練をすれば速読法が身につくのかを教えてください」

本屋に行けば、実用書のコーナーに速読術の本がいくつか並んでいる。ページのめくり方や視線の動かし方について指南しているものも多いが、結論から言うと、これらの本を読んでも速読術は身につかない。

第1章で触れたように、速読術とは、熟読術の裏返しの概念にすぎない。熟読術を身につけないで速読術を体得することは不可能である。

本にはその本性から、「簡単に読み流せる本」と、「そこそこ時間がかかる本」と、「ものすごく時間がかかる本」の3種類がある。

「フランス書院文庫」のエロ小説ならば1時間もあれば読み終えることができる。エロ小説でなくても、藤原正彦**『国家の品格』**（新潮新書）、鈴木琢磨**『テポドンを抱いた金正日』**（文春新書）のようなわかりやすく書かれた新書ならば2時間くらいで読むことができる。この種の本を「簡単に読むことができる本」と定義する。

ただし、読むのにそれほど時間がかからないということと本の水準との間に直接的連関はない。

『国家の品格』の哲学的構成は、ライプニッツが**『単子論』**（岩波文庫）で展開した、真理は複数あるという考え方を基本にしていると筆者は見ている。18世紀の哲学者が難しい言葉で語ったことを藤原氏は誰にでもわかる言葉で説明しているのである。また、『テポドンを抱いた金正日』の中で展開されている北朝鮮の「先軍（ソングン）思想」に関する分析は、CIA（米中央情報局）やSIS（英秘密情報部）でも十分に通用する高いレベルのものだ。

◆筆者が過去に読んだ中で、いちばん時間がかかった本は？

次に「そこそこ時間がかかる本」は、標準的な教養書である。

たとえば、松本保美編『**シグマベスト　理解しやすい政治・経済　改訂版**』（文英堂）ならば、毎日2時間読むとして、1週間はかかるであろう。あるいは、日露関係の基本と現下外務省が抱える問題について、最少の努力で最新の知識をつけるためには、東郷和彦『**北方領土交渉秘録　失われた五度の機会**』（新潮文庫）を読むのが適当だ。この本を読了するのに、外交に関心がある人で3～4日、そうでないビジネスパーソンでは1週間程度かかるであろう。

最後に、「ものすごく時間がかかる本」は、語学や数学の教科書である。

過去に筆者が読んだ本の中で、いちばん時間がかかったのは、田中美知太郎／松平千秋『**ギリシア語入門　改訂版**』（岩波書店）だ。１９６２年に改訂版が出た古典ギリシア語の標準的教科書である。練習問題がたくさん収録されているのはいいのだが、解答が記されていないため、いまだに正解が何だかわからない練習問題もある。筆者はこの本を読み終えるのに1年半かかった。

15世紀チェコの宗教改革者ヤン・フスのラテン語版著作集も、1日に4～5時間取り組んで、4分の1ページくらいしか読み進められないこともあった。ビジネスパーソンでも、本格的にアラビア語に取り組むような事態になれば、読み進めるのに極端に時間がかかるこのような本と格闘しなくてはならなくなる。

◆速読の目的は、読まなくてもよい本をはじき出すこと
――一生で読める本の数は限られている

標準的なビジネスパーソンの場合、新規語学の勉強に取り組む必要がなく、「ものすごく時間がかかる本」がないという条件下で、熟読できる本の数は新書を含め1カ月に6~10冊程度だろう。つまり、最大月10冊を読んだとしても1年間で120冊、30年間で3600冊にすぎない。

3600冊というと大きな数のように見えるが、中学校の図書室でもそれくらいの数の蔵書がある。人間が一生の間に読むことができる本の数はたいしてないのである。この熟読する本をいかに絞り込むかということが読書術の要諦なのである。

数ある本の中から、真に読むに値する本を選び出す作業の過程で速読術が必要とされるのだ。速読の第一の目的は、読まなくてもよい本を外にはじき出すことである。

一般論として、難解な本には2通りある。

第一は、概念が錯綜し、定義がいい加減で、論理構成も崩れている本である。古典的名著とされているものの中にも、このようなトンデモ本がたくさんある。

たとえば、1930年代に日本の経済的発展段階は、遅れた封建制なのか、それとも資本主義が高度に発達した帝国主義国であるかを争点として講座派と労農派の間で行われた日本資本主義論争（封建論争）で、講座派の基本書として名高い山田盛太郎『**日本資本主義分析**』（岩波文庫）が、筆者の理解では、このカテゴリーに属する。

封建的＝半封建的＝隷農的＝半隷農的などという意味内容が異なるもの、全体と半分を等号でつなげていることからしてまずおかしい。こういう本にはかかわり合うだけ時間の無駄なので、早く扉を閉ざすことだ。

第二は、議論が積み重ね方式になっているため、覚えなくてはならない約束事、さらに押さえておかなくてはならない事実関係が多く、読むのに時間がかかる本である。語学や数学の教科書などはその例である。それ以外にも、たとえば前述の『北方領土交渉秘録』は、日ソ共同宣言（1956年）、東京宣言（1993年）、イルクーツク声明（2001年）などの外交文書で、北方領土問題についてどのような合意がなされたかについて、内容を正確に押さえておかないと、読み進めることができない。この種の本については、手続きを踏んで読めば、知識と教養が必ず身につく。

◆書店員の知識を活用する

熟読する本を選ぶ際、いちばん簡単で確実な方法は、その分野に詳しい人に聞くことである。

ただし、大学教授に聞く場合には注意を要する。教育者としても優れた教授ならば、自分の学説と異なっている本や、学説は同じだが人間関係上対立する学者が書いた本でも紹介してくれるが、そのようなことはあまりない。それに対して、企業や官庁の実務家は学閥や学界の動向に対してそれほど配慮しなくてよいので、客観的なアドバイスをくれる。

周囲に専門家がいない、いても敷居が高くて相談しづらい場合には、書店を活用することをおすすめする。筆者の経験から述べると、東京ならば、八重洲ブックセンター本店、丸善丸の内本店、三省堂書店神保町本店、ジュンク堂書店池袋本店、紀伊國屋書店新宿本店などの書店において、専門書売り場の書店員の取扱商品に関する知識は、月並みな大学教授を凌駕することが多い。

もし近くにそうした書店がない場合には、その分野に関する雑誌や新聞の連載の中から、説得力があると思われる論者を見つけ出すことである。優れた学者や評論家は、必ず自分の言説の根拠となる出典を明示するし、おすすめの入門書や関連図書もどこかで紹介するはずである。

いずれの形であれ、未知の分野で本を選ぶには、「水先案内人」が必要になる。誰かに手引きしてもらうことで、入り口でつまずく確率を大幅に減らすことができる。

◆基本書は3冊、5冊と奇数にする

読者が知りたいと思う分野の基本書は、3冊もしくは5冊購入するべきである。

1冊の基本書だけに頼ると、学説が偏っていた場合、後でそれに気づいて知識を矯正するのには時間と手間がかかる。ちょうど我流で、最初に間違った平泳ぎの仕方を覚えると、後でそれを直すのが大変なのと同じである。

特にイスラエル・パレスチナ紛争、中台（中国・台湾）関係、チェチェン・ロシア紛争などの問題は、入り口の知識によって「認識の型」ができてしまうと、それを矯正することは、ほぼ不可能になってしまう。したがって、系統的な読書を始める段階で、正しい手順で本を読み、同じ出来事について複数の見方ができることを皮膚感覚で理解しておく必要がある。

少し横道にそれるが、この話との関係で動物行動学（エソロジー）の知識が役に立つ。鳥は卵から孵化していちばん初めに見たものを自分と同じ動物と考える。これを動物行動学者コンラート・ローレンツは「刷り込み」と名付けたが、人間が知識を身につける場合も、「刷り込み」に類似した性向があることに留意することだ。

読者が何かを「絶対に正しい」と思っていても、それは案外「刷り込み」による場合も多いのだ。ローレンツ**『ソロモンの指環　動物行動学入門』**（ハヤカワ・ノンフィクション文庫）を読めば、「刷り込み」の問題がいかに重要であるかがわかる。

入門段階で、基本書は3冊、5冊と奇数でなくてはならない。

その理由は、定義や見解が異なる場合、多数決をすればよいからだ。2冊、4冊だと、仮に定義や見解が真っ二つに分かれた場合、読者自身が判断しなくてはならないことになってしまう。ちなみに有識者に助言を求める場合も、その数は奇数にすることが重要だ。そこでの多数決に従えば、少なくとも素人判断を避けることができる。

厳密に言うと、このような方法は知の技法として正しいことではない。たとえば、地動説か天動説かについて、15世紀に有識者の多数決をとれば天動説が圧倒的に正しかったことになる。20世紀初頭でも、宇宙にエーテル空間が存在するかについては、存在するというのが圧倒的多数派だったが、現在、自然科学者でエーテル空間を認める専門家はまずいないだろう。

学術的な真理は本来、多数決とはなじまないということをよく念頭に置いたうえで、日常的には暫定的に多数決に従って知識をつけていくしかない。

◆上級の応用知識をつけようと欲張らない

基礎知識をつける場合、あまり上級の応用知識をつけようと欲張らないことだ。

職業作家になってから、読書法について若手ビジネスパーソンから相談を受けることが多くなったが、自分の学力を客観的にとらえることができず、消化できない基本書や専門書に取り組んで時間を浪費している例が多い。

特に東大、京大、早大、慶大など難関大学の卒業生で、学生時代の成績がそこそこよかった人（中の上くらい）にこういう例が多い。読書法を根本的に改めないかぎり、こういう人が知識を集積していくことはできない。

筆者は、神学を専攻していた関係で、哲学やキリスト教を専攻する大学院生から相談を受けることもあるが、まともな相談はほとんどない。こういう相談をしてくる学生の9割は、哲学・神学研究の基礎となる学力がついていない。しかも、基礎学力の欠如を自覚するプログラムが頭の中に組み込まれていない。古典ギリシア語を6カ月でマスターしたとか、1カ月でカール・バルトの主著『**教会教義学**』(全36冊、新教出版社)を読破したというような、あり得ないことを平気で言う。

基礎学力をつける段階で客観的な自己評価ができないと、間違った読書法をしてしまう。大切なのは、自分の知識の欠損部分を知り、それを補うことだ。その技法については、第II部「何を読めばいいか」でじっくり述べる。

それから、最新学説を追う必要もない。最新学説が学界で市民権を得るのに10年くらいかかり、それが入門書に反映されるのにさらに10年くらいかかる。したがって、入門書で得られる知識は20年くらい前のものであるが、それはそれでいいと腹をくくることだ。

ちなみに哲学や神学のような学問は、10~20年ではまったく廃れない。筆者が同志社大学神学部で神学の基礎を学んだのは1810年代にドイツで発行された教科書だった。文科系の知識ならば20~50年程度の時差は、現状を分析する場合、実はそれほど支障をもたらさない。

◆現実の出来事を説明できないなら、本物の知識は身についていない

重要なことは、知識の断片ではなく、自分の中にある知識を用いて、現実の出来事を説明できるようになることだ。そうでなくては、本物の知識が身についたとは言えない。

ドイツ語で学問（科学）をヴィッセンシャフト（Wissenschaft）という。断片的な知識（Wissen）ではなく、知識を結びつけて体系（-schaft）になって初めて体系知としての学問（科学）になるという考え方だ。戦前の旧制高校で、カントやヘーゲルなどのドイツ古典哲学を学生に徹底的に教え込んだのも、体系知という技法を身につけさせるためだ。物事を体系的に考えることは、エリートとして国家や企業を指導するために不可欠だ。

ここまで書くと読者から、「体系知を身につけるためのよい参考書を紹介しろ」という質問が寄せられることが想定されるが、結論から言うと、そのような参考書は存在しない。体系知は参考書を読んで身につくという性質の知ではないからだ。

あえて挙げるならば、ヘーゲル『**精神現象学**』（上下、平凡社ライブラリー）であるが、この著作はドイツ観念論の病的な言語で書かれているので、大学で2〜3年間、哲学

的な基礎訓練を受けていない読者には、おそらくその3割も意味をとれないであろう。戦前の本であるが矢崎美盛『**ヘーゲル精神現象論**』(岩波書店)が体系知の考え方を、ヘーゲルの水準を落とさずにわかりやすく書いているのでおすすめだ。戦後も何回か重版されているので、古本屋でもそう苦労せずに見つけることができる。

◆【熟読の技法1】——まず本の真ん中くらいのページを読んでみる〈第一読〉

では具体的に、3冊の基本書を使えば、たとえば民族問題について、どの程度の基礎知識を身につけることができるかを検討していく。基本書には、次の3冊を使う。

①ベネディクト・アンダーソン『**定本 想像の共同体 ナショナリズムの起源と流行**』(書籍工房早山)
②アーネスト・ゲルナー『**民族とナショナリズム**』(岩波書店)
③アントニー・D・スミス『**ネイションとエスニシティ 歴史社会学的考察**』(名古屋大学出版会)

基本書は図書館から借りてきたものではなく、私物を用いる。本のページを折ったり、シャーペンや鉛筆で線を引いたり、書き込みをするからだ。

最初に、これら3冊の基本書のどれから読み始めるかを決めなくてはならない。それにはまず、それぞれの本の真ん中くらいのページを開いて読んでみる。

なぜ、真ん中くらいのページを開くのかといえば、本の構成として、初めの部分は「つかみ」と言って、どのように読者を引き込むかという工夫を著者と編集者がしており、最終部の結論は、通常、著者が最も述べたいことを書いているので、読みやすいからだ。翻訳書の場合、そのような本自体の構成に加え、真ん中くらいになると緊張が続かなくなり、翻訳が荒れてくることがある。

真ん中くらいというのは、実はその本のいちばん弱い部分なのである。あえて、このいちばん弱い部分をつまみ読みすることで、その本の水準を知るのである。

この3冊の場合、この基準で言うと、まず『民族とナショナリズム』が脱落する。日本語としてわかりにくく、内容がとらえにくいからである。

ただし、翻訳者の名誉のために強調しておくが、本書の翻訳は正確である。原著の英文に当たってみればわかることであるが、ゲルナーの文章は、さまざまな隠喩や、インテリならば知っている人物や著作については詳しい説明を加えていない。

マルクス主義のナショナリズム論を批判した部分がいい例だ。

ここでゲルナーは、シーア派の一部が、大天使ガブリエルは、アリ（4代目のイスラーム教指導者）に対して行うべき啓示を誤ってムハンマド（モハメッド）に対して行ったと主張したように、マルクス主義者は、プロレタリアートに届けるべき「目覚めよ」というメッセージを民族に配達してしまったという、郵便の「宛先違い」の理論は成り立たないと言っている。ゲルナーの主張を理解することは、イスラーム教、スンニ派とシーア派のドクトリンの相違、さらにマルクス主義の唯物史観の基本構造について知識がないと不可能だ。

さらに言うと、ゲルナーのこの本は「謎の書」というような構成になっており、何度読んでもゲルナーがナショナリズムについて積極的に定義している箇所を見い出すことができない。これは、ゲルナーがビザンツ（東ローマ帝国）の「否定神学」という方法を用いているからだ。否定神学とは、「～である」と積極的に定義することを避け、「～でもなければ、～でもない」という形で消極的に事柄を表現する技法だ。本居宣長が「漢心《からごころ》ならざるものが大和心《やまとごころ》」と定義したのと同じである。

実を言うと、『民族とナショナリズム』を完全に消化できれば、民族紛争のみならず、グローバリゼーションが引き起こす問題や、アルカイダ型のイスラーム原理主義過激派の問題を解明することも容易になる。しかし、現時点の実力で理解できない本については後回しにすることが合理的だ。

どの順番で本を読むかということも、重要な読書の技法である。

◆【熟読の技法2】──シャーペン（鉛筆）、消しゴム、ノートを用意する〈第一読〉

3冊の基本書の中で、『想像の共同体』と『ネイションとエスニシティ』の難易度はほぼ同じである。両書の目次を見てみると、『ネイションとエスニシティ』のほうが網羅的にナショナリズムの問題を扱っていることがわかる。

基本書については、特定の分野に特化したものよりも網羅的なほうが望ましいので、3冊のうち、まず『ネイションとエスニシティ』を初めに読むことにする。

この本は2段組（1段＝28字×24行）の本文266ページ、つまり400字詰め原稿用紙換算で約900枚の分量に相当する、かなり大部の本だ。

文科系の学術書については、通常の読者なら、原稿用紙300〜400枚の本を1週間で処理するというのが妥当なところだろう。そこで、『ネイションとエスニシティ』の勉強には、少し余裕を持って3週間をかけることにする。ちなみに筆者の経験からすると、このような本格的な基本書で勉強するときは、その本だけに特化せず、軽い歴史読み物、小説、ビジネス書などを並行して読み進めていくと、脳が活性化し、記憶力もよくなる。

熟読のために必要とされる道具は、シャーペン（鉛筆でも可）、消しゴムとノートである。シャーペンには2Bの軽く書いても濃い文字が残る芯を入れる。

右手にシャーペン（鉛筆でも可）を持って、重要な記述と思われる部分の欄外に線を引きながら読む。特に重要と思う部分についてはページの端を折る。ページを折るのに抵抗がある人はポストイットを貼ればよい。

◆【熟読の技法3】——シャーペンで印をつけながら読む〈第一読〉

熟読法の要諦は、同じ本を3回読むことである。

基本書は、最低3回読む。第1回目は線を引きながらの通読、第2回目はノートに重要箇所の抜き書き、そして最後に再度通読する。

第1回目の通読を漫然と行ってはならない。実はいい加減な仮読みのような手法で一度本を読んでしまうと、その後、重要事項がきちんと頭に入らなくなってしまう。

初めて地図を頼りにどこかの場所に行くときは、途中のコンビニ、たばこ屋や郵便ポスト等を注意深く見るので、その風景をいつまでも覚えているが、他人の運転で連れていってもらうと途中の「あそこにたばこ屋があった」などということは、たとえ車窓から目に入ったとしても記憶に残らない。基本書については、自分で地図を持って目的地を探し当てるときの緊張感を持って読み進めるのである。

その際の重要な作業が、シャーペン（鉛筆）による印づけである。

本を読みながら、重要と思う部分の欄外に線を引き、わからない部分については「?」マークを記す。重要な部分かどうか迷ったら、とりあえず線を引く。

本を読み終わったところで、ほとんどのページに線が引かれているような状態になってしまうこともあるが、読了してみると、今度はどの部分が本当に大切であったかがわかるので、不要な線は消しゴムで消せばよい。線引きにボールペンやサインペンではなくシャーペンを用いるのは、後から消すことを想定しているからだ。

ビジネスパーソンの場合、満員電車の吊り革につかまりながら、これらの作業をすると周囲に迷惑をかけるのでやめる。出世するうえで重要なのは、自分の生活習慣から他人に嫌われるような要因を少しでも除去することである。そのためには自分がやられて嫌なことを他者に対してしないということが基本だ。

特にがっついているビジネスパーソンは周囲の様子が見えなくなることが多い。その意味で、満員の通勤列車は、マナーを鍛えるためのよき道場と考えることだ。語学学習のためにｉＰｏｄを聞くときも「音漏れ」がないように注意するなど、他者に対する配慮を怠らないようにすると、後で必ず生きてくる。

もし通勤時間を効果的に活用しようと考えるならば、電車に座ることだ。近所の駅から始発列車に乗るとか、関東圏なら中央ライナー、湘南ライナーのような着席が確保された電車を用いるのも一案だ。５００円で通勤電車を「書斎」に変化させるのである。

あるいは、早起きが得意な読者は、熟読作業をしているときはあえて午前6時ごろの電車に乗る。そうすれば仮に座れない場合でも、書籍の重要箇所をシャーペンで囲んだり、ポストイットを貼るような作業をしていても他者に迷惑をかけない。

筆者は、国分寺市に住んでいたころ、都心で朝8時から始まる朝食会に招かれるとき、あえて午前5時台の電車に乗り、電車の中ではシャーペンを握りしめて読書をし、ホテルの喫茶室でコーヒーを飲みながらノートへの抜き書きをしたり、構想メモをまとめたりするようにしていた。筆者の経験則からすると、深夜の疲れているときに勉強するよりも早朝のほうが、記憶への定着率が圧倒的に高い。

◆【熟読の技法4】——本に囲みを作る〈第二読〉

第一読が済んだら、今度は机に向かう作業だ。喫茶店、職場、自宅のどこでもいいが、少なくとも30分は継続して作業ができる環境を整える。あわせて、ノート、シャーペン、消しゴム、ボールペンを準備する。

ノートにコーヒーをこぼしたり、雨に濡れたときにインクがにじまないようにするため、ボールペンなら油性が望ましい。筆者は大学ノートを好むが、整理整頓が得意な読者はルーズリーフノートやシステム手帳でもよい。

ちなみに筆者個人は、ノートパソコンやスマートフォンなどの電子機器は避けるようにしている。衝撃や静電気、さらにトイレに落としたときにデータが消えてしまう危険性があるからだ。

ただ、後でリポートを作る場合に、電子媒体に記録しておいたほうがコピー＆ペーストが使えるので、ノート作りとリポート作りとを直結させて考える読者はこのほうがよいかもしれない。その場合、毎月5のつく日には、フラッシュメモリやＣＤにデータのバックアップをとるという習慣を身につけておくと〝水害〟などのリスクを極少にできる。

第二読にかける期間は約10日間である。

まず、1回目に線を引いた部分で特に重要と思う部分をシャーペンで線を引いて囲む。たとえば、『ネイションとエスニシティ』なら以下の部分だ。

> この研究において、私たちはネイションの起源と形成にかんする二大学派の仮説から、自由にならなければならない。まず第一に私たちは、ネイションを所与の社会的実体として、つまり時間を超越した「原初的」で自然な人間結合の単位として、もはや考えないほうがよい。第二に私たちは、ネイションを、「資本主義が生みだす神経的なケイレン」と考えるにせよ、あるいは工業社会の必然的な形態であり文化であると考えるにせよ、いずれにせよ、完全に近代の現象であるという考えを受けいれることはできない。
>
> （アントニー・D・スミス『ネイションとエスニシティ　歴史社会学的考察』名古屋大学出版会、4ページ）

このような囲みを本全体に作る。

きまじめな読者だと、本のほとんどの部分を囲みたくなるが、囲みはどんなに多くてもテキストの10分の1にとどめる。『ネイションとエスニシティ』は原稿用紙（400字詰め）換算で約900枚なので、囲む部分は最大限90枚だ。

◆【熟読の技法5】——囲みの部分をノートに写す〈第二読〉

さらに、この囲みの部分をノートに写す作業を行う。

この筆記作業は思ったよりも時間がかかる。重要箇所を囲む作業に2割、写す作業に8割というところだろう。

囲んだ部分のすべてを書き写すには及ばない。定義、数字、固有名詞などに言及がある部分と、重要とは思うのだが自分で意味がよくわからない部分を書き写すのだ。

そして、欄外に「わからない」とか「○○の言説と対立」といったような書き込みをしておく。読者自身の評価をノートに記すことが記憶を定着させ、理解を深めるコツである。要は写本を作ることが目的ではなく、理解するために抜き書きをするという原点を忘れないことだ。

筆者の経験からすると、1冊の本から抜き書きをする上限を原稿用紙50枚以内に抑えることである。筆者の経験では、1時間に書くことができる文字数は、走り書きで原稿用紙4枚、丁寧に書けば2枚半くらいである。

ちなみに英語力をつけようと考える読者は、この本の英文原著（Anthony D. Smith, *The Ethnic Origins of Nations*, Blackwell Publishing Limited, 1988）を入手して、ノートに書き出した部分の英語を探し、同様に書き出しておく。

この作業を積み重ねると英語を読む力がついてくる。なお、洋書の購入は、八重洲ブックセンターや丸善などの洋書売場、あるいはアマゾンの洋書コーナーで簡単にできる。学術書に関しては、ほとんどの場合、日本語版よりも値段が安い。

◆【熟読の技法6】――結論部分を3回読み、もう一度通読する〈第三読〉

第三読にかける期間は3～4日である。もう一度、通読するのであるが、まず目次の構成をよく頭にたたき込んだうえで、結論部を3回読む。

本の著者は、結論を言いたいがゆえに執筆活動を行っているのであり、ここに最大のエネルギーが注がれている。『ネイションとエスニシティ』に即して言えば、スミスが本書を書いた目的は以下に集約されている。

エスニックなアイデンティティを支えるこうした神話・記憶・象徴がもつ内在的な意味を理解せず、この力を評価しないならば、現代世界における国家と個人との関係を混乱させているエスニックな対立を把握することは、まったく不可能である。

（同書、266ページ）

要するに民族問題を理解する場合、経済合理性や人権という切り口から問題を解明しようとしてもそれはあまり意味がなく、特定の人間集団が持つ神話・記憶・象徴といった非合理的に見える現象の内在的論理を解明することが不可欠であるということをスミスは言いたいのである。

本文の中で挙げられた事例や立論がこの結論とどうかみ合っているかを考えながら通読する。本書のような優れた専門書の場合、結論と無縁な記述はない。

第三読を始めると、読者は第一読でわからなかった部分のほとんどが理解できるようになっていることに気づくと思う。

◆2冊目以降の基本書の読み方

3週間かけて読者は、民族問題の基本書中の基本書である『ネイションとエスニシティ』を読み終え、ノートに抜き書きも作り、重要事項の暗記も済ませた。ここで基本書として購入した他の2冊、『想像の共同体』と『民族とナショナリズム』を読む。

ただし、今回は熟読といっても、最初の本と比べればずっと効率的に作業を進められる。すでに民族、エスニシティの基本概念についての知識はついているから、読書のスピードもずっと上がってくる。各冊を4〜5日くらいで処理することだ。

まず、2〜3日かけて第一読をする。その際に重要箇所についてはシャーペンで枠に囲み、その部分にポストイットを貼る作業も同時進行する。

その後、枠に囲んだ部分のうち、特に重要な内容を1〜2日でノートに書き写す。裏返して言うと、ノートに書き写す部分については、「迷ったら書き写さない」という原則で、極力少なくする。

スミスと比較して、アンダーソンの場合には、民族は人間の想像力によって、つまりコミュニケーションによって作られる関係概念であることを強調する。まず、民族に対するアンダーソンの定義を見つける。

国民とはイメージとして心に描かれた想像の政治共同体《イマジンド・ポリティカル・コミュニティ》である——そしてそれは、本来的に限定され、かつ主権的なもの〔最高の意思決定主体〕として想像される（後略）。

（ベネディクト・アンダーソン『定本 想像の共同体 ナショナリズムの起源と流行』書籍工房早山、24ページ）

この定義を線で囲んでおく。

アンダーソンは、ネーション＝国民が、どんなに中華人民共和国の国民数が多くても全人類と一致することはないという意味で「本来的に限定され」、国家だけが有権的に徴税、徴兵、逮捕、死刑の執行で明らかなように「主権的なもの」であると言っているのだ。ここでアンダーソンは想像という言葉を用いているが、架空という意味での想像ではない。学問的な訓練を受けた人から見れば、国民（ネーション）は、知的エリートの想像によって生まれた一種の共同主観性であるが、人間の行動を現実に大きく規制する。ここでナショナリズムが宗教に近い役割を果たすのだ。

当初、知的エリートを中心に構築された国民（ネーション）意識をしだいに政治エリートが活用するようになり、自己の安楽な地位を獲得するというのがアンダーソンの仮説だ。靖国問題を見ても、小泉純一郎元首相がそれを活用し、政治権力を強化したのは確かである。小泉氏の靖国参拝がよいとか悪いとかいう価値判断ではなく、ナショナリズムと政治権力の相互連関を理解することが重要である。

確かに政治エリートが自己の権力基盤を強化するためにナショナリズムを利用することがある。しかし、逆に外交に成果を出すために、いったん高揚したナショナリズムを沈静化させることはほぼ不可能だ。この点について『民族とナショナリズム』を読むとその連関がわかる。

ゲルナーはナショナリズムに関する誤った理論を4つ挙げている。そのひとつが「それは公式化される必要のなかった観念の人為的な帰結であり、悔やむべき不測の出来事によって出現したものである。産業社会においてすら、政治生活はそれなしですますことができる」（『民族とナショナリズム』216ページ）という言説だ。

ナショナリズムは「人為的な帰結」ではないので、何もないところから創り上げることはできない。ただし、ナショナリズムに発展する何らかのシンボル（象徴）を操作して、それを過激化させることは可能だ。しかし、過激になったナショナリズムを沈静化することは至難の業である。筆者にはナショナリズムについてゲルナーが展開した以下の言説が最も腑に落ちる。

> ナショナリズムがきわめて特殊な種類の愛国主義であり、実際のところ近代世界でしか優勢とならない特定の社会条件の下でのみ普及し支配的となる愛国主義だということである。（中略）この種の愛国主義、すなわちナショナリズムが忠誠心を捧げる単位は、文化的に同質的で、（読み書き能力を基礎とする）高文化であろうと努力する文化に基礎づけられている（後略）。
>
> （アーネスト・ゲルナー『民族とナショナリズム』岩波書店、２３０ページ）

この基本を押さえておけば、今後、読者は靖国問題、慰安婦問題、北方領土問題などの日本のナショナリズムが絡む問題のみならず、アイルランド紛争やチェチェン紛争の基本構造も容易に理解できるようになる。

次章からは、このような熟読法を踏まえたうえでの速読法に入ることにしよう。

第I部
本はどう読むか

第3章

速読の技法

——「超速読」と「普通の速読」

◆一冊を5分で読む「超速読」と、一冊を30分で読む「普通の速読」

第2章を通して熟読法を習得した読者ならば、容易に速読法を身につけることができる。筆者は速読を「普通の速読」と「超速読」に分けている。

「普通の速読」とは、400ページ程度の一般書や学術書を30分程度で読む技法である。その後、30分かけて読書ノートを作成すれば、着実に知識を蓄積することができる。ちょっと訓練を積めば、普通のビジネスパーソンが2〜3日かけて行う読書を、わずか1時間程度で行うことができるようになる。普通の速読ができるようになれば、読書術は完成したと言ってよい。

「超速読」は、前述の書籍を5分程度で読む技法で、試し読みと言ってもよい。

この試し読みによって、書籍を次の4つの範疇（カテゴリー）に区分する。

①熟読する必要があるもの
②普通の速読の対象にして、読書ノートを作成するもの
③普通の速読の対象にするが、読書ノートを作成するには及ばないもの
④超速読にとどめるもの

普通の速読と比べ、超速読のほうが圧倒的に易しいので、ここから説明に入ろう。

◆超速読の技法
――5分の制約を設け、最初と最後、目次以外はひたすらページをめくる

まず準備するのは、本とシャーペン（鉛筆でも可）とポストイットである。

それから、最初のころは横に時計を置き、一冊を超速読するのに5分以上かけないと固く心に誓う。

まず序文の最初1ページと目次を読み、それ以外はひたすらページをめくる。

このとき文字を読まない。とにかくページ全体を見るのだ。

ビジネス書で強調箇所が太字やゴシック体で書かれている本は、ページ全体を見るには値せず、太字やゴシック体の文字だけを追っていけばよい。図表や資料はおのずと目に飛び込んでくるので、他と同様に扱う。

原則として、時間がかかるので一行一行、線は引かない。

しかし、何か気になる語句や箇所が出てきたら、後でわかるようにシャーペンで大きく丸で囲むなど印をつけ、そのうえでポストイットを貼る。ポストイットを貼るのが面倒ならば、本のページを折る。

そして、結論部のいちばん最後のページを読む。

これで本全体の印象をつかむと同時に、その本で自分が読むべき箇所の当たりをつけることができる。

◆超速読の目的は2つ
——本の仕分け作業と、本全体の中で当たりをつける

超速読の目的は2つある。ひとつは、前述したように、「この本が自分にとって有

益かどうか」「時間をかけて読むに値する本かどうか」の仕分けである。

しかし、この判断ができるためには、その分野について一定の基礎知識があるというのが大前提になる。

すでに十分な知識がある分野か、熟読法によって付け焼き刃でも一応の基本知識を持っている分野以外の本を速読しても、得られる成果はほとんどない。知らない分野の本は超速読も速読もできないというのは、速読法の大原則だ。グルジア語がわからないのにグルジア語で書かれた本のページをいくら一生懸命めくっても、指の運動にしかならず、知識がまったく増えないのと同じである。

超速読のもうひとつの目的は、「この本はこの部分だけを読めばいい」「この箇所を重点的に読めばいい」という当たりをつけることである。

5分という制約をかけてページをめくり、気になった箇所が後でわかるように印をつけるのはそのためだ。ここでも、シャーペンやポストイットで判断できる基礎体力があるということが大前提になる。

よって、超速読では、シャーペンで印をつけポストイットを貼るなど、本を「汚く読む」ことが重要だ。だから超速読で済ませる本でも、必ず購入する。立ち読みのルールは、商品としての本を汚さないことだが、それでは判断を下すための超速読はできない。

そう言うと、読者から次のような質問を受けることがある。

「タイトルを見ただけですぐに買ってしまい、その後、読まずに積んでおくだけの本がたくさんあります。どうすれば『積ん読』を防げるか解決法を教えてください」

タイトルは著者と編集者が腕によりをかけてつける。裏返して言えば、魅力的なタイトルがついている本は、出版社がそれだけ力を入れて作っている本ということだ。したがって、タイトルにひかれて購入し、とりあえず「積ん読」になっていても、仕方がない。

そのうえでおすすめしたいのは、自分の本棚にあえて「積ん読」本のコーナーを作り、5～6冊たまった頃合いを見て、超速読をしてみることだ。休みの日に、超速読を用いて30分くらいで全冊、全ページに目を通せば、何らかの発見があるはずである。

◆超速読の筆者の実例を紹介すると

では、筆者が購入した書籍、もしくは、献本されたがまだ目を通していない書籍7

冊を、実際に超速読で処理してみよう。

①廣松渉他『カントの「先験的演繹論」』世界書院、298ページ

この本に記されているのは廣松渉元東京大学教授（マルクス主義哲学者）の修士論文であるが、この考え方は、**『世界の共同主観的存在構造』**（講談社学術文庫）、**『存在と意味』**（全2巻、岩波書店）により発展、整理された形で著されているので、熟読の必要はない。普通の速読の対象として、読書リポートをノートに記すことにする。

②高橋利明『お母さんのハートを打ったJRのレールマンたち 現場が育む「安全」に関する報告書』日本評論社、301ページ

2005年4月、JR西日本の福知山線で発生した107名の死者を出した事故は、運転士の個人的過失（ヒューマンエラー）のように見られがちだが、実際にはヒューマンエラーを生み出しやすい企業風土がJR西日本にはある。そして、労働組合が強いJR東日本ではこのような事故が起きにくいことが説得力を持って書かれている。

本書では理論的考察はそれほどなされていないが、新自由主義的な政策による営利至上主義が安全を脅かすことは論理必然的だ。これと**『資本論』**の利潤率低下傾向の

部分を結びつけて読書リポートをノートに記すことにする。

③隈部正博『四訂版 数学基礎論 ゲーデルの不完全性定理』放送大学教育振興会、222ページ

命題論理と論理記号に関する基本的知識があれば読み進めることができる構成になっている。新書本でゲーデルの不完全性定理を扱ったものは厳密さを犠牲にしているが、本書は厳密さとわかりやすさのバランスがよくとれている。高校レベルを超える数学の知識がなくても理解できる構成になっている。

数学という学問について考えてみよう。集合論と呼ばれる公理系があって、全ての数学はこの公理系の中で展開できることが知られている。従って、集合論の無矛盾性を証明することは、基本的な大問題である。なぜならば、もし集合論が矛盾すれば、我々の考えている「数学」という学問は矛盾していることになり、従って、その存在価値は疑われることになるからである。さらには、数学を基礎にした他の学問の正当性も疑われることになるだろう。従って集合論という公理

系の無矛盾性の証明という問題は数学的のみならず、哲学的な重要性をもつ。
（隈部正博『四訂版 数学基礎論 ゲーデルの不完全性定理』放送大学教育振興会、191～192ページ）

この記述に引きつけられたので、筆者は本書を熟読することにする。

近代経済学は数学を援用し、精緻なモデルを作成するが、数学がそもそも矛盾をはらんでいる学問ならば、経済学は当然、矛盾した学問にならざるを得ない。ここではゲーデルが数学という学問が矛盾しないと考えていたか否かについてあえて結論を述べない。この問いに対して関心がある読者は、ぜひゲーデルの不完全性定理に関する書籍をひもといて結論を見つけてほしい。

④アレクサンドル・リトヴィネンコ／ユーリー・フェリシチンスキー『ロシア闇の戦争 プーチンと秘密警察の恐るべきテロ工作を暴く』光文社、425ページ

２００６年11月末、猛毒の放射性物質「ポロニウム２１０」を摂取させられたことが原因で死亡した元ロシア連邦保安庁（ＦＳＢ）将校（死亡時は英国籍）リトヴィネンコが02年に出版した手記に、フェリシチンスキーと監訳者の中澤孝之氏がリトヴィネンコ死亡に関する記述を付加したもの。

典型的なプロパガンダ（宣伝）本なので、知的刺激は受けない。超速読で済ませ、今後、この問題が大きくなることがあれば参照できるように、常備用本棚に入れる。

⑤岩崎夏海『もし高校野球の女子マネージャーがドラッカーの『マネジメント』を読んだら』
ダイヤモンド社、272ページ

270万部のベストセラーになるには、何かしらの理由がある。ドラッカーのマネジメント理論の中から日本人に必要なものをうまく抜き出して「プロット」を作り、それを読みやすい「ストーリー」に落とし込んでいる点で、本書は一級の本である。

筆者自身がマネジメントの基礎知識を身につける目的ならば熟読の対象にはならないが、若手ビジネスパーソンの教育に迫られているマネジメント層や、マネジメントの知識がまったくない新入社員には熟読の対象になるかもしれない。ドラッカーの引用部分だけを読むという読み方もできるだろう。

途中、登場人物の一人（夕紀）が入院するシーンが、ストーリーの起承転結の「転」としてわかりにくく、超速読の過程で一度前のページに戻った。偶然の出会いや死は、通常の文芸作品では禁じ手だ。しかし、同様の手法を駆使する韓流ドラマが日本でもヒットし、近松門左衛門の『**曽根崎心中**』や三遊亭円朝の『**怪談牡丹燈籠**』なども偶然が重なり悲劇が生まれる構図なので、日本的な伝統に則っている作品と言えるのかもしれない。

⑥長谷部誠『心を整える。』幻冬舎、233ページ

サッカー日本代表のキャプテンが書いた自己啓発書だが、一つひとつの項目に有機的な連関がなく、カタログ的に並んでいるので、一読して頭に入りにくい。ただし、カタログ式の本が悪いというわけではない。読者は、自分の興味関心のあるところだけを拾い読みすればいい。どんな人でも引っかかる部分が4～5カ所はあるように作られている。また、入れ子状の構造になっていて、説明が不足気味の箇所には、おすすめの本や音楽のリストが掲載されている。この本だけで完結せず、読者が先に進めるものまで入っているのは、少し前の新書の作り方に似ている。

章のタイトルや文中の見出しと、本文の内容にズレがない点を見ても、丁寧に作られているという印象を受ける。速読で全ページ目を通すことにする。

⑦ジョセフ・メン『サイバー・クライム』講談社、422ページ

国際的なサイバー攻撃を扱ったドキュメントだが、一読して目をひくのはむしろ巻末の特別対談である。著者のメン氏が、邦訳書の監修者でサイバーセキュリティの第一人者の福森大喜氏を相手に、たとえば次のような興味深い指摘をしている。

> (引用者注＊中国政府はサイバー攻撃への関与を否定し、外国人ハッカーにより中国のサーバーが利用されたと主張しているが)中国については見逃せない重要なポイントがある。それは、中国政府は、自国内のインターネットのトラフィックを、おそらくは他のどの国よりも厳重に監視しているという事実だ。少なくとも、中国国内のネット上の活動において、中国政府が「知らなかった」ということはあり得ない。(中略)中国から発信されたサイバー攻撃の、少なからぬ部分で中国政府が関与しているのは確実だ。
>
> (ジョセフ・メン『サイバー・クライム』講談社、414ページ)

こうした著者の見方は、筆者や複数のインテリジェンス専門家の見方と一致する。

中国は経済的、軍事的に急速に成長し、超大国への道を歩んでいる。しかし、外交的には、国際社会で成立しているゲームのルールを守らない。サイバーインテリジェンスについても、中国は国際社会の大きな攪乱要因になっている。巻末の特別対談では、その問題がきちんと指摘されている。

一方、本編のドキュメント部分は、国家テロとインテリジェンスの側面が弱く、サイバーテロの一面しか扱っていない。サイバーテロの世界では、要人の出張先のホテルの部屋に、スパイが清掃員として潜り込み、直接、ノートパソコンにウイルスを植え付けたり、外付けのフラッシュメモリをつけると感染するようなやり方が実際に行われている（そのほうが痕跡も残りにくい）。

ドキュメント部分は速読で処理し、巻末の特別対談を熟読して読書ノートを作成することにする。

以上が筆者の実践している超速読法の要領である。

一般書も専門書も翻訳書も技法は同じだが、どの書籍を超速読するにせよ、当該分野の基礎知識がない書籍を速読することはできない。

◆【普通の速読の技法1】──「完璧主義」を捨て、目的意識を明確にする

次に、熟読法・速読法を通じて最も難しい「普通の速読」の技法について記す。

普通の速読で最も重要になるのは、繰り返し述べているように基礎知識だが、その次に大切なのは、本の内容を100パーセント理解しようという「完璧主義」を捨てることだ。

「時間は有限であり希少財である」という大原則を忘れてはいけない。速読はあくまで熟読する本を精査するための手段にすぎず、熟読できる本の数が限られるからこそ必要となるものだ。速読が熟読よりも効果を挙げることは絶対にない。

その意味では、「もう二度と読まない」という心構えでのぞむことが大切だとも言える。そうした気持ちで取り組まないと、必要な情報が目に飛び込んでこないし、頭にも残らない。いい加減な気持ちで何回も繰り返してしまうと、結局、熟読したのと同じだけの時間がかかってしまうことになる。

また速読をする場合には、必要とする情報についての明確な目的意識も必要だ。

たとえば、藤原正彦『国家の品格』（新潮新書）を読む場合に、「藤原氏のレトリックから学ぶ」という問題意識を持つ場合と、「同書の論理構成とウィトゲンシュタイン

の『**論理哲学論考**』（岩波文庫）とが類似している部分を調べる」という問題意識を持つ場合とでは、着目する箇所が自から異なってくる。

筆者があるシンクタンクに勤務していると仮定する。

ここで上司から、具体的に「聖域なき構造改革」をどう評価するかというテーマが与えられたとする。この問題については、経済、行政の枠組みから論じることもできるし、郵政民営化などの個別案件に絞って論じることもできる。

そこで筆者が、「どのような切り口でこの問題を論じることが私に期待されているのですか」と上司に尋ねると、上司は、「君にはまず、『聖域なき構造改革』を提唱して推進した政治家や官僚が、どのような思想に基づいて動いたかについて分析してほしい。そのうえで、このような改革思想が将来の日本のためになるかどうかについて、端的に君の意見を記してほしい」と答えた。

この目的に沿うように、どのように速読をしたらよいかを考えよう。

◆【普通の速読の技法2】——雑誌の場合は、筆者が誰かで判断する

普通の速読については、雑誌と書籍とで若干手法が異なる。雑誌について、その論

文もしくは記事を読むか否かは、まず筆者が誰かという基準で判断する。

雑誌の特徴は、書籍とは異なり、大勢の人間が執筆しているということだ。ある程度の部数が出る雑誌には、論理が錯綜し理解不能な文章は基本的にないが、小部数の文芸誌や論壇誌にはそうした文章が混じることもあるので、入り口ではじく必要がある。

今回の場合、本屋に行き、雑誌のコーナーをのぞくと、『現代思想 総特集ヘーゲル『精神現象学』二〇〇年の転回』（青土社）が平積みされているので手にとってみる。目次を見ると、長谷川宏氏（ヘーゲル研究者）と岩崎稔氏（東京外国語大学教授）の「『精神現象学』再読 時代の概念的把握のために」という対談が目に入る。

長谷川氏は、難解なヘーゲルのテキストを現代の一般的な日本人に理解できるよう大胆な翻訳をすることで有名であり、また、岩崎氏も社会哲学に通暁しているため、この雑誌をざっと読んでみる。新自由主義批判の箇所があるので、早速購入する。

もちろん雑誌だからといって、読者は書店で、必要部分だけを携帯電話のカメラで撮影するなどという著作権侵害はしないことだ。出世するということは、資本主義社会のルールに従ってゲームに勝ち抜いていくことである。書店や出版社、著者の商売を侵害する盗撮の習慣などが身につくと、将来、もっと大きなルール違反をして、結果として出世街道から外れることになるだろう。

どうしても雑誌に使うカネが惜しいと思うならば、公共図書館で正規の手続きに基づいてコピーをとることだ。もっとも人間は本来、吝嗇《ケチ》な動物なので、カネを払って得た雑誌の内容のほうが、ただでコピーをとったものよりも記憶に定着する。だからこそ経済的に許す範囲内で、書籍、雑誌に関しては、「迷ったら買う」の姿勢を原則にしたほうが得である。

◆【普通の速読の技法3】――定規を当てながら1ページ15秒で読む

先ほど述べたように、超速読では文字を追わずにページを見ることを基本とするが、普通の速読の技法はこれと異なる。

文字をできるだけ速く目で追うのだ。市販の速読術の本には、目の動かし方やページのめくり方などが書かれてあるが、そうした中で参考になる技法はどんどん取り入れていく。そして自分の性格に合った技法を身につけるのだ。

筆者の場合は、極力椅子に座り、机に向かって行うようにしている。速読していて思いついたことや気になることは、本の隅やノートに書きとめるためだ。ベッドやソファに横になって速読はしない。目の動かし方や呼吸の仕方については、特別に意識していない。

速読において時間をロスする最も大きな要因は、内容に引っかかってしまい、同じ行を何回も読み直すことだ。

これを直す技法がある。定規を当てながら速読するのだ。そうすると、同じ行を重複して読むことを避けることができる。

最終的には1ページを15秒くらいで読むのが理想だが、最初のうちは1分くらいかかっても仕方がない。定規を当てれば、誰でも1ページを15秒で読むことができる。

筆者は、日本語の書籍を読むときには定規を当てずに読むが、ロシア語、英語、チェコ語などの横文字を読むときは、熟読のときも普通の速読のときも、定規を当てて読む。そのほうが読書スピードが上がるからだ。

◆【普通の速読の技法4】——重要箇所はシャーペンで印をつけ、ポストイットを貼る

普通の速読の場合も、熟読同様、シャーペンとポストイットは必需品だ。シャーペンを持ちながら重要な箇所を丸で囲んだり、傍線を引いて識別できるようにし、そのページにはポストイットを貼る。

前述の長谷川・岩崎対談の場合は17ページなので、5分弱で処理するのが理想だが、最初は10分かかっても仕方ない。当面は、横に時計を置いて処理時間を計る。そして、次のような気になる発言が出てくれれば、シャーペンで印をつけてポストイットを貼る。

岩崎　ネオリベラリズムが何なのか、全体としてそれをとらえることが切実な課題、「哲学の欲求」だと思っています。ここ二〇年くらいの中であからさまな形で支配的言説になってきたにもかかわらず、日本では議論がかなり立ち後れていて、最近ようやく問題化されてきたのですが、それでも「格差社会」といったような陳腐で一面的な言い方になってしまっています。ですから新自由主義という一つのシステムやメカニズムをそれこそヘーゲル的に丸ごと把握する＝概念化するbegreifenような作業が凄く立ち後れている気がしていまして、そういう目前の具体的なある力や具体的な姿勢に対してどのように対応するべきかということは、イェーナ時代のヘーゲルの表現を借りれば、新しい「哲学の欲求」なのかもしれません。

（『現代思想　総特集ヘーゲル『精神現象学』二〇〇年の転回』青土社、29ページ）

岩崎（前略）新自由主義の空間というのは、極力敵対性がない空間にしていくわけです。新自由主義の場合には走るべきトラックが完全に決まっていて、その中を誰がより速く走るかという世界でしかありませんから、あらかじめゲームのルールを受け容れる人間しかいられない。そのゲームのルールとは、消費行動であり、消費者でしかないという空間です。

（同書、同ページ）

ここで読者は、イエーナ時代の新しい「哲学の欲求」にまで踏み込む必要はない。①日本では新自由主義についての研究が遅れている、②新自由主義を丸ごと論理的に把握することは可能である、③新自由主義とは極力敵対性がない空間を作り、そのゲームのルールを受け容れた人間しか受け容れない、という3点を押さえれば十分だ。

◆【普通の速読の技法5】——本の重要部分を1ページ15秒、残りを超速読する

書籍の場合でも、普通の速読のやり方はほとんど変わらない。

仮に筆者が、「聖域なき構造改革」の基礎にある新自由主義思想は日本の国家体制の強化に貢献しないという作業仮説に、対案を提示する作業に従事しているとする。その観点から、滝沢誠『**権藤成卿 その人と思想 昭和維新運動の思想的源流**』（ぺりかん社、239ページ）を速読するとしよう。

まず、目次と初版まえがきを注意深く読み、それから結びを読む。

そうすると、役に立ちそうな記述は「第四章　自治学会の創設と思想の発表」「第五章　昭和維新」の部分にありそうだとわかる。ここまでにかかる時間は3分くらいだ。

いつものようにシャーペンとポストイットを持ち、この2つの章のいずれかを、端から文字を追って読む。重要と思う部分は線で囲み、ポストイットを貼る。同じ行に何度も目がいき、速読がうまくいかない場合は、定規を当てながら読む。第四章ならば56ページあるが、ここまでなら17分以内で処理できる。

そして残った時間で、それ以外のページを超速読するのだ。

◆【普通の速読の技法6】——大雑把に理解・記憶し、「インデックス」をつけて整理する

普通の速読においては、内容を細かく理解する必要もなければ、すべてを記憶する

必要もない。内容を大雑把に理解・記憶し、「あの本のあの部分に、こういうことが書かれていた」「あの箇所に当たれば、あの情報が出てくる」という「インデックス」を頭の中に整理して作ることが最も重要になる。

もちろん、速読で全ページを正確に理解し、すべて記憶できるに越したことはないが、それは不可能だ。人間の能力には限界がある。頭の中に作った「インデックス」を手がかりに、将来何か参照する必要が出たときに、必要な情報が正確な形で取り出せるようにしておけばいい。その意味で、普通の速読は「インデックス」をつける読み方とも言える。

それには普通の速読をした本は、捨てずに手元に置いておくことが重要になる。うろ覚えのまま、本を処分してしまうと、いざというときに正確な情報が取り出せない。気になる箇所だけ、スキャンして保存したり、コピーしてクリアファイルで整理することも可能だが、そうした作業には思った以上に時間がかかる。

情報を整理する時間と情報を探し出す時間は、共に極小にしなければならない。

1000冊程度の本なら、参照可能性の高い本だけを本棚に入れておき、残りは読んだ順番にダンボール箱に入れておけばいい。

◆普通の速読は、新聞の読み方の応用

「1冊を30分で読むなんてとてもできません」という質問をよく読者から受けるが、同じような読み方は、実はビジネスパーソンが新聞を読む過程で行っている作業でもある。

多忙なビジネスパーソンなら、新聞を読むのに毎朝30分以上はかけないはずである。筆者が知る一部上場企業の役員クラスや優秀なビジネスパーソンは、主要6紙を30分程度で処理している。

新聞も、端から端までじっくり読むような読み方をしていたら、それで一日が終わってしまう。

ざっと見出しを見て当たりをつけ、どれを読んでどれを読まないかを判断する。そのうえで、既存の情報は適度に飛ばし、必要な未知の情報だけを拾い読みする。その原理を読書にも応用するのだ。

ただし、30分で1冊を処理するのがひとつの目標だが、取り組む本と、どの程度丁寧に読むかによっては、1冊に2~3時間かけることもある。その場合は、熟読に近い速読ということになる。

自分の基礎知識の質と量にもよるが、簡単な新書やビジネス書、一般書で30分、自分が通暁している分野の専門書や学術書なら、最初は2〜3時間かけてもいいかもしれない。

まずは自分の仕事に関する分野の新書やビジネス書、一般書を選び、30分、1時間という時間の枠を設けて始めてみることをすすめる。誰でも仕事に関する分野の知識は頭によく入っており、また記憶にも定着しやすい。

1日1冊を目標に、実際には週2冊ほどのペースで3カ月続けることができれば、必ず何かしらの効果が出るはずである。

第Ⅰ部

本はどう読むか

第4章

読書ノートの作り方

――記憶を定着させる抜き書きとコメント

◆「ノートを作る時間がもったいない」への反論

本を読み終えてしばらく経つと、何が書いてあったかということの記憶が薄れてしまう。いかによい内容の本を読んでも、その内容が記憶に定着せず、必要なときに引き出せなければ意味がない。いざというときに役立たない知識など、いくら詰め込んでも無駄だ。

この点を改善するには、読書後30分かけて補強作業をするとよい。線で囲んだ部分をノートに書き写し、その下に簡単なコメントを走り書きするのだ。これだけで記憶への定着がまったく変わってくる。

第2章の熟読法のところでもノートのとり方の概要は説明したが、大切な点なので重要なポイントを簡単にまとめておく。

「ノートを作る時間があったら他の本を読んだほうがいい」「その時間がもったいない」と主張する論者もいるが、筆者はその意見には与しない。

そういう読書では、自分の得意な分野の知識しか身につかない（自分の苦手分野や未知の分野の知識を効率よく身につけられない）うえに、得意分野さえも十分には伸ばすことができない。数学の苦手な人が、初動の段階で練習問題を丁寧にやらず、なんとなく理解できたつもりで進んでいくと、後の段階で応用問題が出てきたときに解けないのと同じことだ。

ゆるい形で本を読む習慣が身についてしまうと、いくら本を読んで知識を取り入れても、頭の中に定着していかない。本を読んで、「あっ、自分も知っている」という感覚は味わえても、「では、どう知っているのか」と突っ込んだ質問を改めてされると答えられないのだ。それは、取り込んだ知識が自分の中で定着していない証拠である。

10冊の本を読み飛ばして不正確な知識をなんとなく身につけるより、１冊の本を読み込み、正確な知識を身につけたほうが、将来的に応用が利く。

◆ノートは1冊主義
――ぶ厚いノートに「記録」「学習」「仕事」を時系列で集約

ただし、読書専用ノートや抜き書き専用ノートを作る必要は必ずしもない。いま使っている手帳やスケジュール帳、日記帳と兼用でもいい。

筆者自身、ノートは1冊に集約し、読んだ本の抜き書きやコメントに加えて、語学の練習問題の解答から仕事のスケジュール、簡単な日記（何を食べたか、誰と会ったか）まで、すべて時系列で記すようにしている。後で読み返せるようにできるだけ厚いノート1冊に、「記録」「学習」「仕事」のすべてを集約するのが、筆者にはいちばん効率的である。

筆者は情報屋の仕事が長く、メモをとったり見たりすることができない局面も多かったため、頭の中に必要な情報を入れておく習慣が身についた。それには手を動かして文字をノートに書くというアナログの作業が最も適していた。電子的なデータは、消える可能性と盗まれる可能性の両方がある。後で何らかの形で情報をシェアしたり、それを加工して使用する予定がないかぎりは、筆者はアナログのほうが性に合う。

しかし、若いビジネスパーソンの中には、パソコンに打ち込むのがいいという人もいるだろう。それはそれで、もちろんかまわない。自分がいちばん慣れ親しんだ方法の中から、自分なりの技法を編み出していけばいい。

ただし、必要な箇所を何ページもスキャンして保存したり、その部分だけをコピーしてクリアファイルに保存するような方法はすすめない。そうした作業には、思った以上に時間がかかるからである。

読書ノートを作る最大のポイントは、時間をかけすぎないことだ。30分なら30分、1時間なら1時間と自分で時間を決め、それ以上、時間をかけないようにする。時間を制限することで、抜き書きできる箇所はおのずと限られてくる。30分で書けるのは、おそらく６００字程度のはずである（丁寧に書けば４００字詰め原稿用紙で２枚は書けない）。どの箇所を取捨選択するかも、記憶への定着に大きく寄与する。

大切なのは正確な形でデータを引き出せることと、積み重ねた知識を定着させることで、完璧なノートを作ることではない。

◆コメントを書くときのポイント

もちろん抜き書きをしたとしても、内容をすべて覚える必要もないし、そんなことは不可能だ。ただし、本の内容を取捨選択し、手を動かして一部を抜き書きすることと、記憶の定着度合いとの間には、明らかに正の相関関係があると筆者は考える。

どの部分を抜き書きするかは、自分が特に重要だと思った箇所でかまわない。それに加えて、コツとしては、自分が現時点では理解できなくても、重要だと推察されるところも1～2カ所、抜き書きしておくことである。

自分が理解できないのは、自分の基礎知識が足りないからなのか、そもそも内容がでたらめなのか、それは将来、知識がつけばわかる。わからない箇所が一カ所もないような本は、逆に読んでも意味がない。まずは時間を区切り、その範囲内で、自分が重要だと思うところと、理解はできないが重要そうなところをあわせて抜き書きしておくといい。

「コメントに書くことが思い浮かばない」という相談も受けるが、最初は、「筆者の意見に賛成、反対」「この考えには違和感がある」「理解できる、理解できない」など自分の「判断」を示すもので十分である。

「わからない」「そのとおり」「おかしい」の一言でもいい。何らかの「判断」を下すことが重要だ。

次のステップとしては、自分の「判断」に加えて、「意見」も書き込むようにする。

「私はこうは思わない」「この部分は、あの本のパクリだ」「同じデータに関して、あの専門家は別の評価をしている」など自分の「意見」も書き込めるようになれば、十分理解して自分で運用できる水準になっている。

◆レーニンの読書ノートに学ぶ

ノートの作り方については、ノート作りの達人から盗むのも有益である。とりわけ成功した実業家や経営者、政治家のノートから学ぶことは、多忙なビジネスパーソンにとってでも多いはずだ。

筆者が知るかぎり、ノート作りのいちばんの天才はレーニンである。革命という事業を成功させ、ソ連という国家を作り、それを70年維持する基礎を構築したという意味で、レーニンは一流の実業家だ。

常に忙しく、いつも逃げ歩くような生活の中で本を持ち歩くことができなかったレーニンは、図書館の本をベースに使いながら、読んだ本の抜き書きをノートに写し、コメントも記していった。ノートさえあれば、正確なデータが復元できるようになっているのが、レーニンのノートの特徴である。

276

(303)

ヘーゲル．全集第９巻（ベルリン，1837年）．
歴史哲学講義
（Ed．ガンス出版）

資料：1822…1831年の講義の筆記．
73ページまではヘーゲルの手稿，等々．

5ページ*……《弁論は……人々のあいだの行動である》……（したがってこれらの弁論はおしゃべりではない）．

7――フランス人とイギリス人はいっそう教養がある（《いっそう多くの……国民的教養がある》），――しかしわれわれドイツ人は，つぎの点でいっそう多く利口である，すなわち，歴史を書くことよりも，歴史をどのように書かなければならないかという点において．

機知に富んでいるし賢明だ！

9――歴史は教えている，„諸民族およびそれらおのおのの政府が歴史からはなにひとつ学ばなかったということ：各時代はそうするためにはあまりにも個性的であるということを“．

非常に賢明だ！

NB

《しかし，経験と歴史とがおしえていることは，諸民族およびそれらおのおのの政府が歴史からなにものかを学んだことは一度もなく，またその歴史から引きだすことができたでもあろうところの教訓にしたがって行動したことも一度もないということである．各時代はあまりにも特有の諸事情をもち，一つのあまりにも個性的な状態であるので，その状態においては，その状態そのものから決定されなければならないし，またそうしてはじめて決定されうるのである》．

NB

(304)

NB

ヘーゲルの著書《歴史哲学講義》の摘要　277

12ページ――„理性が世界を支配している“……

20：物質の実体は重力である．
精神のそれは自由である．

鋭い！

22．„世界史は自由の意識における進歩である，――この進歩をわれわれはそれの必然において認識しなければならない“……

24――（史的唯物論への接近）．人々はなにによって導かれるか？　もっとも多く„Selbstsucht“[1]によって，――愛，等々の動機は比較的まれであり，その作用範囲は比較的狭い．ところで情熱等々のそうした組合せから，欲望，等々のそうした組合せからなにが生じるか？

28„世界における偉大なことはなに一つも情熱なしには成就されない“……情熱は《エネルギーの》主観的な，《このかぎりにおいて形式的な側面》である……

28の終り――歴史は意識的な目的から始まるのではない……重要なのはつぎのもの

29……人々にたいして無意識に，彼らの行動の総計として現れるところのもの……

NB　29……この意味において„理性が世界を支配している“．

30……歴史においては，人々の行動を通じて，《人々が目的としかつ達成するところのもの，人々が直接に知りかつ欲しているところのもの以外に，なお別のものが（現れてくる）》成就される．

30ページ

1）《利己心》．（編集者）

282

民族であった“．（421），だがこのことが„領主と農奴との関係“，低度の„Betriebsamkeit“[1]等々をもたらすのである．ところでラテン民族はなぜか？その性格（Grundcharakter[2]　421ページの終り）．

429：……《ポーランドの自由も，同じように，君主にたいする貴族の自由にほかならなかった……だから人民は，貴族にたいしても王にたいしても，同一の利害関係をもっていた……自由について語られるばあい，人は，語られているものがもともと私的利益ではないかどうかを，いつもよく注意しなければならない》．（430）

NB
階級諸関係

439：フランス革命について……なぜフランス人は„sogleich vom Theoretischen zum Praktischen“[3]移って行ったのか，だがなぜドイツ人はそうではなかったのか？　ドイツ人のもとでは，宗教改革が„schon Alles gebessert“[4]，„das unsägliche Unrecht“[5]を取りのぞいていた，等々．

!!

441：人間ははじめて（フランス革命において）《頭脳のうえに，すなわち思想のうえに立ち，そして現実を頭脳にしたがって建設する》というところまで到達した……《これは……輝かしい日の出であった》……

さらに„フランスにおける革命の成行き“（441）を考察しつつ，ヘーゲルは，自由一般のうちに財産の自由，工業の自由（同上）を強調している．

……諸法律の発布は？　万人の意思……《少数者は多数者を代表するべきである，しかし少数者はしばしば多数者を踏みにじるだけである》……（442）《多数者の少数者支配も，これにおとらず，大きな不条理である》（同上）．

(310)マルクスおよびエンゲルスを参照せよ*

1）《勤勉》．（編集者）
2）根本性格．（編集者）
3）《理論的なものから実践的なものへすぐ》．（編集者）
4）《すでにすべてのものを改善し》．（編集者）
5）《名状しがたい不正》．（編集者）

ヘーゲルの著書《歴史哲学講義》の摘要　283

444：……《その内容から言って，この出来事》（フランス革命）《は，世界史的なものである》……
„自由主義“（444），„自由主義諸制度“（443）がヨーロッパ中に普及した．

?

446：《世界史は自由の概念の発展にほかならない》……

446ページ――終り

一般に言って，歴史哲学はたいして教えられるところがない――これは当然である，なぜなら，まさにここで，まさにこの領域で，まさにこの学問で，マルクスとエンゲルスは最大の前進をとげたからである．ここでヘーゲルはもっとも古くなり，そしてもっとも陳腐である．
（つぎのページを参照）

NB
もっとも重要なのは序論であり，そこには問題提出にすばらしいものがたくさんある．

＊ウラジミール・レーニン『哲学ノート』（『レーニン全集』第38巻）大月書店、1961年
pp.276〜277、282〜283

『**レーニン全集**』第38巻（大月書店）は、レーニンの読書ノートを詳細に再現している。たとえば、ヘーゲルの『**歴史哲学講義**』は岩波文庫では上下2冊、約750ページだが、それをレーニンは10ページで要約している。

要所要所を抜き書きし、「機知に富んでいるし賢明だ！」「弱い！」など判断を下している。そして本全体に対しても「一般に言って、歴史哲学はたいして教えられるところがない」「もっとも重要なのは序論であり、そこには問題提出にすばらしいものがたくさんある」という意見を書き込んでいる。

おそらくこうした作業には半日ほどかかっただろうが、一度これをやっておくことで、レーニンの中で生涯、本から得た知識が生きたはずである。レーニンが成功した秘訣はこうしたノートのとり方にあり、ビジネスパーソンが学ぶべき点は多い。

◆筆者の抜き書きとコメントの例

では実際に、筆者のノートを紹介しよう。

第3章で取り上げた滝沢誠『権藤成卿 その人と思想 昭和維新運動の思想的源流』（ぺりかん社）なら、次のとおりである。

【抜き書きA】

凡そ国の組織は、養うものと養わるるものとの二つより成立って居る。大は文武百官より、吏員公人、都て皆な民衆より養われ、小は老病幼弱都ての者、悉く其壮健者に扶養されて居る。そこで、其養うものと養わるるものとの比例が、無理のない程度に整えば、天下泰平であるが、官治組織ではいつも官僚が強力なる支配権威を持ち、其平調を破る様になる。現今の日本も全くそれである。官治制度は、役人が人民を治むる組織なので、人民が役人に心服せざる限りは、一人民に一役人を付けても、満足なる監視は出来得られぬ。官治制度の終末点はいつも是である。わが現今に於ける地方自治の情況より、政党政治の推移、文武官の風紀等に見て、細かに過去に省みれば、彼の普魯士《プロシャ》式国家主義を基礎とした官治制度の行詰りが、此の変体現象を造り出したことが明瞭にわかるのである。

（滝沢誠『権藤成卿　その人と思想　昭和維新運動の思想的源流』ぺりかん社、114ページ）

【コメント①】

国家が「養われる者」つまり官僚と、「養う者」つまり官僚以外の納税者によりできているとの見方は重要である。

【コメント②】

「養われる者」の専横つまり官僚支配から国家が衰退するという権藤の指摘は、現下日本にそのまま当てはまる。官僚以外の国民が監視を怠ると、官僚の能力低下と腐敗が急速に進行する。

【コメント③】

官僚によって支配された政府に頼るのではなく、社稷《しゃしょく》（共同体）を強化することで日本人が活性化し、日本国家も強化されるのだという結論が、権藤の言説から導き出される。

【抜き書きB】

世界皆な日本の版図に帰せば、日本の国家という観念は、不必要に帰するであろう。けれども社稷という観念は、取除くことができぬ。国家とは、一の国が他の国と共立する場合に用いらるゝ語である。世界地図の色分である。社稷とは、各人共存の必要に応じ、先づ郷邑の集団となり、郡となり、都市となり、一国の構成となりたる内容実質の帰着する所を称するのである。各国悉く其の国境を撤去するも、人類にして存する限りは、社稷の観念は損減を容るすべきものでない。他人がありての自己、他家がありての自家、他郷邑がありての自郷邑、他国がありての自国、此理は国家観の大綱である。

（同書、110～111ページ）

【コメント①】

社稷は各民族の伝統に基づいて存在するので、多元的であるが、絶対に譲り渡すことができないものである。仮に世界がひとつの国家になっても社稷は残る。

【コメント②】

社稷はアントニオ・ネグリ／マイケル・ハートが唱える「マルチチュード」（グローバルな資本の動きに抵抗するネットワーク）に近い。

【コメント③】

権藤成卿の思想において社会が第一義的に重要で、国家はそれに付随する概念。論理構成としては穏健なアナーキズムに近い。

このように、抜き書きとコメントをノートに記していけば、知識は着実に身につくはずだ。蓄積された知識はビジネスの武器になる。

第Ⅱ部

何を読めばいいか

第5章

教科書と学習参考書を使いこなす

——知識の欠損部分をどう見つけ、補うか

◆知識の欠損部分を把握する

知は基本的に先人の遺産を継承したうえで成り立っている。このことを理解せずに高望みだけして、難しい本を力業《ちからわざ》で読んでも、知識はまったく身につかない。読んだ本の知識を身につける土台として必要になるのが、本書で繰り返し指摘している基礎知識である。

よく本格的に読書を始めたビジネスパーソンから、次のような質問を受ける。

「本を読むときは、大事なところに線を引くかメモを残すようにしていますが、それでも内容が身につかないのですが……私は記憶力が悪いのでしょうか」

人間の記憶や理解は不思議なメカニズムになっており、知識は一定の熟成期間を置いた後にしか身につかない。筆者の場合、現在読んでいる本の知識が本当の意味で身につくのは、3～6カ月後である。したがって決して焦らず、本書で紹介した読書法を続けることをおすすめする。

なお、半年経ってまったく読書力が向上しない場合も、「自分は記憶力がよくない」などと諦める必要はない。おそらくそうした読者は、背伸びをしすぎているのだ。

たとえば高校段階での数学に不安があり、行列、数列、微分法、積分法がまったくできないのに、近代経済学や統計学の知識を身につけようとしても、無理である。その際は数学の基礎力をつけて再チャレンジするしか、知識を着実に身につける道はない。

そうやって基礎知識をつけたつもりでも読書力が向上しない場合、自分の基礎知識のどこに欠落があるのかをきちんと調べることだ。そのときに重要なのは、高校レベルの知識に関して自分にどのような欠損があるかを客観的に認識することだ。

学校秀才型だったビジネスパーソンほど、自らに高校レベルでの学力の欠損があることを認めたがらない。優等生としての「プライドの檻」から抜け出すことができないため、高校レベルの数学や英語が消化できていないという疑念を持つことを心理的に回避する。恥ずかしいので、誰にも尋ねることができない。特に東大、京大、早大、慶大など、偏差値が高い大学の卒業生にその傾向が強い。

しかし、現在の教育制度では、国家公務員Ⅰ種試験や司法試験の合格者でも、ほぼ例外なく学力の欠損がある。ここで特に重要なのが数学と英語だ。

数学も英語も、基礎学力がついていないと、どれだけ努力を費やしても能力が向上しない。特に私大文科系の出身者の場合、数学については中学段階での知識の欠損がある場合も多い。中学、高校の数学については、教材も整っているし、最近では社会人向けの優れた教科書も刊行されている。半年から1年で欠損を埋めることができるので、その作業に着手することを強くすすめる。

現実を虚心坦懐に認め、自らの欠損を早く埋めた者が最終的に得をする。

◆大学入試問題を活用する

それでは、自分自身の基礎学力の欠損をどのように診断したらよいのだろうか。

これが意外と難しい問題である。基礎学力に欠損があると感じた人で、「それでは高校1年生からの勉強をもう一度やり直そう」と考えて、教科書や学習参考書を揃えても、それをもう一度やり直すことは非効率的だ。まず重要なのは、理解できている部分とそうでない部分の仕分けである。

筆者は読者に、大学入試センターの試験問題を活用することをすすめる。

この試験は、高校レベルの学力が習得できているかをチェックするために、実によく作られている。大学入試センターの試験問題をひととおり解いてみれば、どの辺に知識の欠落があるかがよくわかる。目安として、8割を得点することができれば、当該科目の基礎知識が身についていると考えてよい。

まずは高校レベルの知識を基礎知識の基本と考えればよい。

このレベルの基礎力さえあれば、教養書はもとより、標準的な学術書ならば消化できるはずだ。

◆「正しい知識」を身につける
——歴史小説で歴史を勉強してはいけない

ここであえて読者に注意してほしいことがある。仮に世界史や日本史が苦手だからといって、歴史小説で歴史を勉強してはいけないということだ（特殊な例外は沖縄出身者初の芥川賞作家・大城立裕氏の『**小説　琉球処分**』〔上下、講談社文庫〕で、専門書や新聞記事ではなかなか理解できない沖縄の人々の心情を見事に表している）。

筆者はロシアを担当する外務省の後輩に、司馬遼太郎**『坂の上の雲』**（全8冊、文春文庫）を読んでロシアの歴史を勉強したつもりになってはいけないと強く戒めた。たとえば、『坂の上の雲』には、日露戦争中、ロシアに対するインテリジェンス工作を仕掛けた明石元二郎陸軍中佐について以下の記述がある。


「われわれポーランド人は、ロシア人にとって豚である。殺されるためにのみ存在しているのだ」

と、モトはいった。モトの話は長かった。序論からはじまってえんえんとつづき、いったい何を自分に言いにきたのか、明石には見当もつかない。が、明石は、かつてドイツに駐在していたとき、この種の癖のあるドイツ人に多数出会った経験があるから、辛抱づよく聴いていた。

これをきいてやらねば相手がときに不機嫌《ふきげん》になり、用件をいわなくなってしまうことを経験していたのである。

明石は、葉巻をすすめた。

モトは、その贅沢《ぜいたく》そうな葉巻をみて、多少ひるんだような顔をした。明石はす

かさず、

「私は、独立運動や革命運動につよい同情をもっている。しかしこの葉巻だけはやめられない。かつてレーニンが、労働者とつきあおうとすれば葉巻だけはやめよ、という意味の忠告を私にした」

というと、モトは表情を急にあかるくし、

「君は、レーニンの友人か」

と、反問した。明石はたしかにレーニンの友人であったといっていいが、しかし謙虚に、

「理解者のつもりである」

とのみいった。


（司馬遼太郎『坂の上の雲（六）』文春文庫、181〜182ページ）

このレーニンが「労働者とつきあおうとすれば葉巻だけはやめよ」という忠告をした話は、『坂の上の雲』だけでなく、明石元二郎について書かれた本によく出てくる。しかし、明石がレーニンと面識を持っていたという文献的根拠は、明石が陸軍参謀本

部に提出した報告書『落花流水』しかない。

レーニンの行動に関しては、実証研究がかなり進んでいる。しかも帝政ロシアの秘密警察「オフラナ」も明石の活動を徹底的に観察していた。明石とレーニンが面識を持っていた可能性はかなり低いと見られている。

さらにコーカサスの民族運動に関して、こんな記述がある。


「ロシアの皇帝、ロシアの教会、ロシアの軍隊がなくならないかぎり、われわれコーカサス人の生存はありえません」

と、青年は目を見開いたまま語りはじめた。戦線では、コーカサス人がかならず危険な場所にやられ、まっさきに死ぬことを強制されつつある。ポーランド人もそうです。ロシア皇帝はわれわれ異民族の血でその身を守り、その野望を遂げようとしています、と語った。

「ロシア皇帝は極東に野望をもち、日本人をもわれわれコーカサス人とおなじようにそれを奴隷にすべく圧迫しました。日本人はそのおそるべき運命から脱出すべく銃をとって立ちあがりましたが、本来、運命を共同しているはずのコーカサス人が同志である日本人を相手に戦わねばならぬというのは、悲惨の極であります。そういう非人間的行為をわれわれに強要する皇帝を、神がゆるし給うでしょうか」

「君は、神を信じているのか」

ときくと、小さな声で、信じています、と答えた。どうやらマルクス主義者ではなく、激越な民族主義者なのであろう。

（同書、191ページ）


20世紀初頭、コーカサス地域には近代的な民族意識は確立していなかった。また、オセチア人やアルメニア人などのキリスト教を信じる人々は、親露感情を強く持っていた。コーカサス人が、ロシア帝国に対して日本人とともに戦うという自己意識を持っていた可能性はまず考えられない。日露戦争期のレーニンと諸外国の関係、民族問題などは、ロシアを理解するための鍵になる重要事項だ。こういうところで、事実と異なる歴史認識を持ってしまうことは、ロシア専門家になる際の障害になる。

もっともロシアの日本専門家、特にインテリジェンスに従事する人は『坂の上の雲』

を注意深く読む。日本人のロシア観について知るためのよい教科書だからだ。

『坂の上の雲』を通じて、明治期の日本人の気概について追体験することには意味がある。また次章で述べるように、娯楽として読む分にはまったく問題ない。しかし、歴史小説で歴史を学ぼうという安直な考えは捨てるべきだ。小説を通じて得られる知識よりも、対象を客観的に理解することを妨げるステレオタイプな偏見が身につく危険性のほうが高いのである。

◆教科書と学習参考書で基礎知識をつける

では、基礎知識の欠損部分を埋めるためには、どんな本を読めばいいのか。

筆者は、高校レベルの教科書と学習参考書を活用することをすすめる。

日本の書籍市場では、ビジネス書と学習参考書の相互乗り入れが、ほとんどなされていない。また、大学以上の教育で用いられる書籍と、高校までの学習参考書についても、まったく別の扱いになっている。そのために学習参考書（特に大学受験を想定したもの）に蓄積されている優れた知的成果を社会人が用いることができなくなっている。これは大きな社会的損失だ。

筆者が仕事場の本棚に置いて頻繁に参照しているのは、早稲田大学政治経済学術院の松本保美教授が編集した『シグマベスト 理解しやすい政治・経済 改訂版』（文英堂）である。本書は、アカデミズムでさまざまな論争がある難しい問題を平易な用語で表現している。

たとえば、民族について、学界では、言語、地理的共通性などの歴史を持つ客観的基準を重視する原初主義（primordialism）と、近代以後の自己意識を重視し民族という概念が流動的であるとする道具主義（instrumentalism）が対立している。アカデミズムでは原初主義が主流だが、マスメディアでの報道は道具主義に基づいている。

民族の定義について学術書をいくら読んでも頭が混乱するだけだ。しかし、この学習参考書の定義を見てみよう。

◎人種や民族の違いと紛争

人種が、皮膚《ひふ》の色のように遺伝による身体形質の特徴の共通性を指す生物学的な概念であるのに対して、民族の概念は多義的である。民族は、

①伝統的な生活様式という文化（言語、宗教、歴史、伝統などを含む）の共有にも

とづいて他の民族と区別されるし、
②それに「われわれは○○人である」という**主観的な〈われわれ意識〉**が加わる、という特徴《とくちょう》がある。したがって、民族形成は長期にわたる過程を経ているし、今後も変容する流動性をもつとされる。
（松本保美編『シグマベスト 理解しやすい政治・経済 改訂版』文英堂、306ページ）

原初主義と道具主義を折衷した定義で、アカデミックな論理整合性からすれば問題があるが、ビジネスパーソンが現実に発生する民族問題を理解するためにはこの定義で十分である。その他、日本外交の課題についての説明も優れている。

2001年の9・11同時多発テロとアメリカの軍事的報復により、世界はテロと暴力に満ちている状況になった。わが国の外交活動も、これまでの対米協調一辺倒ではなく、人類と国民の福利の増大を考えての主体的な見通しをもった展開が求められている。今後も日米関係は、わが国の外交にとって重要な意味をもつことは明らかだが、アメリカの単独行動主義や軍事的突出《とっしゅつ》については対等な立場からの意見の交換がよりいっそう求められる。すなわち政治、経済、文化など多方面でのパートナーシップを維持、発展させることが望まれる。

（同書、３１１ページ）

右のような記述は、地方公務員上級職試験の論文問題の合格水準に十分達している。

◆教科書と学習参考書を併用する理由とは？

なぜ、教科書だけではなく、学習参考書を活用するのかには理由がある。教科書はページ数と記載される事項が厳密に制限されているため、事項の羅列になっていて、読んでも意味がわからないことがある。教科書とは、教師がいる環境を想定しているので、説明不足が許されるのである。

これに対して、学習参考書は、それだけを読んでわかるような自己完結した構成になっている。それに、市場原理の中で鍛えられているため、もっと端的に言えば、この参考書を使うことで大学入試に合格するという厳しい競争を経ているため、教科書よりもずっと内容が優れていることが多い。

基礎知識をつけるという観点から見ると諸外国と比較して、日本の中等教育（中学校、高校）には根本的な欠陥がある。中学校の教科書がロシア、イギリスなどと比較してかなり易しいのに対して、高校の教科書が著しく難しいのである。

筆者は大学の専門課程で理科系の課目について勉強したことがないので、文科系の内容についてしか正確なことを言えないが、高校の教科書に記載されている事項で、その内容を正確に理解するためには大学を飛び越えて大学院レベルの知識を必要とするものも多い。なかでも社会科にその傾向が著しい。特に世界史はロシアならば4年かけて教える内容を1年で詰め込んでいる。この内容を高校生に理解しろというのが無理だと思う。

裏返して言うならばビジネスパーソンが基礎知識を強化しようとする場合、高校の教科書と学習参考書を手引きにして、それに少し工夫を加えれば、短期間、具体的には半年から1年で、かなり高いレベルの知識と教養を身につけることができる。

その具体的な技法について、「世界史」「日本史」「政治」「経済」「国語」「数学」と分野ごとに読者とともに考えてみたい。

【世界史】

◆高校世界史教科書で国際政治を理解する

具体的に、高校世界史教科書を使って、国際情勢を読み解くのに必要な知識を得る方法を説明したい。高校世界史B教科書をぜひ入手して、読んでほしい。外交・国際政治の第一線で通用する基礎知識がつくことを保証する。

ここではオバマ米国大統領の「テロとの戦い」を例に説明する。

オバマ大統領は2009年にノーベル平和賞を受賞したが、その本質においては絶対平和主義者（パシフィスト）ではない。そのことは、2011年5月2日、オバマ大統領の命令に基づいて、CIA（中央情報局）と海軍の合同部隊がパキスタンでアルカイダの指導者ウサマ・ビンラディンを殺害したことでも明らかだ。

オバマ大統領は、就任のとき、イラクから米軍を段階的に撤退させることを約束したが、アフガニスタンにおいては、テロとの戦いを本格的に進める意向を表明した。そして、それがウサマ・ビンラディン殺害という形をとった。

この場合、まずサウジアラビアの建国理念となった、スンニ派イスラーム教原理主義であるワッハーブ派について理解しておく必要がある。以下、佐藤次高他『**詳説世界史 改訂版**』（山川出版社）から引用する。

アラブ民族のめざめ

18世紀のなかばころ、イブン＝アブドゥル＝ワッハーブ《Ibn Abdul-Wahhab》《1703〜92》は、アラビア半島でイスラーム教の改革をとなえる**ワッハーブ派**《Wahhab》の運動をおこした。彼らは中央アラビアの豪族《ごうぞく》サウード《Saud》家と結んで**ワッハーブ王国**《1744ころ〜1818,1823〜89》を建設し、のちにリヤドに首都を定めた。ワッハーブ派は、イラン人やトルコ人がもたらした神秘《しんぴ》主義と聖者崇拝《せいじゃすうはい》によってイスラーム教は堕落《だらく》したとみなし、預言者《よげんしゃ》ムハンマドの最初の教えに帰れと説いた。それは現代まで続くイスラーム改革運動の始まりであると同時に、その主張はトルコ支配に反抗するアラブ民衆のあいだにうけいれられ、アラブ民族のめざめをうながすきっかけとなった。

（佐藤次高他『詳説 世界史 改訂版』山川出版社、259ページ）

第1次ワッハーブ王国は1744年から1818年まで、第2次ワッハーブ王国は1823年から1889年まで続いたが、いずれもエジプトにより滅ぼされた。第1

次世界大戦後になってワッハーブ王国の再興をめざす運動が起きた。

> アラビア半島では、戦後、イギリスの影響力が増大した。ワッハーブ王国の再《さい》興《こう》をめざす**イブン＝サウード**（Ibn Saud 1880〜1953（在位1932〜53））は、イギリスの援助をえて独立し、さらにアラビア半島の統一をめざした。彼は、アラブ独立運動の指導者であったヒジャーズ王国のフセイン（フサイン）（Husayn 1852ころ〜1931（在位1916〜24））を破ってヒジャーズ＝ネジド王国をつくり、半島の大部分を統一して１９３２年**サウジアラビア王国**を建設した。
>
> （同書、３２０ページ）

サウジアラビアとは、サウード家のアラビアという意味で、サウード王一族と国家が一体となった家産国家だ。ワッハーブ派の教義では、ムハンマドの教えに帰り、神がひとつであるので、それに対応する地上の秩序も一人のカリフ（信徒の長）によって支配される単一のカリフ帝国を建設することを目標にする。

しかし、イブン＝サウード王は、イギリス、アメリカとの友好関係を大切にし、イスラーム原理主義による統治はサウジアラビア国内にとどめ、欧米にイスラーム原理主義を輸出することには慎重な姿勢をとった。東西冷戦下では、西側陣営に加わり、アメリカの世界戦略を支持した。結果から見ると、ソ連軍のアフガニスタン侵攻に対する抵抗運動への関与が、ワッハーブ派の性格を大きく変化させることになった。

◆アフガニスタンへの深入りは無謀な企て

１９７９年、ソ連はアフガニスタンの社会主義政権支援《しえん》の名目で、軍を派遣《はけん》した。この行動は国際世論の批判を浴びただけでなく、アメリカ合衆国との関係を緊張させ、さらにイスラーム教徒の反政府ゲリラによる抵抗で解決のめどもたたなかった。

（同書、３６２ページ）

このとき、後にアルカイダの指導者となるウサマ・ビンラディンもサウジアラビアからアフガニスタンに渡り、反ソ・ゲリラ戦に従事した。この戦争を経て、ワッハーブ派の影響力が、ムジャヒディン（聖戦士）運動を通じてアフガニスタンにも拡大した。

アメリカは、ワッハーブ派の危険性を過小評価していた。ここではアメリカ人特有の「よい原理主義」と「悪い原理主義」という二分法が災いしたのだ。イランのシーア派原理主義はイスラーム革命を世界に輸出するので危険だが、サウジアラビアの原理主義はスンニ派なので安全だとアメリカは勘違いしたのである。

ウサマ・ビンラディンをはじめとするイスラーム原理主義過激派は、アフガニスタンからソ連を放逐した後、カリフ帝国建設の敵はアメリカだという認識を強めた。そして、アフガニスタンに世界イスラーム革命を輸出する司令塔となるターリバーン政権が形成された。

アフガニスタンでは、１９９６年以来、イスラーム原理主義をとなえるターリバーンが権力をにぎっていた。２００１年9月11日、4機のアメリカの旅客機が乗っ取られ、ニューヨークとワシントンのビルに突入する**同時多発テロ事件**がおこった。民主党のクリントン《Clinton 1946〜（在任1993〜2001）》をついだ共和党のブッシュ《G. W. Bush 1946〜（在任2001〜09）》大統領は、ターリバーンの保護下にあるイスラーム急進派組織アル＝カーイダが事件の実行者であるとして、同年11月、同盟国の支援のもとにアフガニスタンに対し軍事行動をおこし、ター

> リバーンを追放した。その後、アフガニスタンには国際連合の主導で暫定《ざんてい》政権が成立し、国内復興につとめている。
>
> （同書、369〜370ページ）

しかし、アフガニスタンのカルザイ政権は、アフガニスタンの有力部族を抑えることができない。アフガニスタンでは、ケシ（アヘンの原料）の栽培が横行している。そして、ターリバーン勢力が再び力をつけている。国内復興は進んでいない。オバマ政権がアフガニスタンに本格的な介入を行っても、事態が急速に好転するとは思えない。

19世紀にアフガニスタンの支配を巡ってロシアとイギリスが「グレートゲーム」を行ったが、英露のいずれもアフガニスタンを植民地にすることはできなかった。ソ連もアフガニスタンに深入りした結果、結局、国家が崩壊することになった。日本の高校世界史教科書レベルの知識で判断しても、アフガニスタンに本格的介入をすることが軍事的にどれくらい無謀な駆け引きであるかがわかるのである。

◆原爆投下1964年？ ソ連崩壊2006年？
——早慶生の驚くべき歴史知識

筆者は早稲田大学政治経済学部と慶應義塾大学の大学院で、授業のお手伝いをしたことがある。授業の冒頭でウェストファリア条約、広島への原爆投下、真珠湾奇襲、ソ連崩壊などの年号を書きなさいという小テストを行った。

正答率は早稲田が５・０％で慶應が４・２％だった。広島の原爆投下が１９６４年とか、ソ連崩壊が２００６年、二・二六事件が１９５０年代というような、採点していて頭が痛くなるような答案ばかりだった。特にウェストファリア条約の正答がほとんどなかった。このような悲惨な状況は、イギリスやロシアの大学では考えられない。

学生たちの半数は、入試で世界史を選択している。受験戦争に強い、成績のよい学生たちだ。なぜこんなことになってしまうのだろうか。筆者の知人である伊東乾・東京大学情報学環准教授によると、東京大学でも事情はほぼ同様という。ちなみに早稲田のほうが慶應よりも０・８点平均点が高かったのは、早稲田が大学3年生、慶應が大学院生だった関係で、早稲田の学生のほうが受験が近過去の出来事だったからと思う。

筆者は学生たちにこう言った。

「こういう状態になる理由はおそらく2つある。第一にみなさんは受験勉強が嫌いだ。第二にみなさんは受験勉強は意味がないと思っている。人間は嫌いで意味がないことは記憶しない」

そして、客観的なデータを記憶しておくことが、外交官や新聞記者になった場合、いかに役に立つかという話をした。

それから数回試験を行ったが、学生たちはもう一度高校の教科書と学習参考書を取り出して、世界史、政治・経済、倫理・社会の復習をした。3カ月後にはすべての学生が9割以上の正答をするようになった。それで筆者は小テストをやめた。

◆国際政治の原点、ウェストファリア条約を知る

国際政治について語る際に絶対に記憶しておかなくてはならない基礎知識が、近代国際政治の枠組みを創った1648年のウェストファリア条約だ。

ウェストファリア条約について、まず世界史の教科書で大きな流れを押さえておこう。

> １６１８年、オーストリアの属領**ベーメン**（ボヘミア）の新教徒が、ハプスブルク家によるカトリック信仰の強制に反抗したのをきっかけに、**三十年戦争**《1618～48》がおこった。この戦争の一つの対立軸《じく》は旧教対新教で、スペインは旧教側のハプスブルク家の皇帝を支援し、新教国デンマークはこれとたたかった。**ヴァレンシュタイン**《Wallenstein 1583～1634》の皇帝軍が優勢《ゆうせい》になると、バルト海の覇権《はけん》をめざす新教国スウェーデンの国王**グスタフ＝アドルフ**《Gustav Adolf 在位1611～32》が戦いに加わり、旧教国フランスも新教勢力と同盟して皇帝とたたかいはじめた。三十年戦争は、宗教的対立をこえたハプスブルク家対フランスの戦いでもあった。
>
> 三十年戦争は１６４８年の**ウェストファリア条約**で終結し、ヨーロッパの**主権国家体制**は確立された。
>
> （同書、２０１～２０２ページ）

三十年戦争は、最初、宗教戦争として始まったが、途中からハプスブルク家（スペイン、オーストリア）とフランスの戦いに変容してしまった。もちろん宗教戦争の要素も残っている。旧教側、新教側、ハプスブルク側、フランス側のいずれも決定的な勝利をつかむことはできなかった。そこで「もう殺戮は嫌だ」という思いが双方に高まり、主権というこれまでになかった観念が国家に付与されるようになった。

ここで近代国家の定義がなされた。政治・経済の教科書（山崎廣明他『**詳説 政治・経済**』山川出版社）が簡潔にまとめている。

> **国際社会の成立と特色**　国際社会が形成されたのは、17世紀のヨーロッパからであるといわれる。**ドイツ三十年戦争**の終戦処理のために、ウェストファリア地方で開かれた講和会議（1648年）で、ウェストファリア条約が締結《ていけつ》された。この会議には当時のヨーロッパのおもな国々の代表が集まり、たがいに平等で独立した主権を認め合った。一定の領土があり、そこに国民としての一体感を持った人びとが国民国家を形成し、政治的な決定をみずからの手でおこなうことのできる主権を持っていることが、近代国家の定義である。
>
> （山崎廣明他『詳説 政治・経済』山川出版社、67ページ）

この国家の定義に照らしてみた場合、日本固有の領土である北方四島がロシアに、竹島が韓国に不法占拠されているのは尋常な事態ではない。領土は国家の礎だ。自国の領土を実効支配することができないようでは、日本は一人前の国家とは言えない状態である。

また北朝鮮による日本人拉致問題は、単なる人権侵害の事案ではない。日本人の人権とともに、北朝鮮の工作員が日本の領域内で日本国家の主権を侵害した事案である。拉致問題の解決は日本の国家主権の根本に抵触する問題なので、政府としても適当なところで手を打つことはできない。拉致問題の解決が、日本が「普通の国」になるために不可欠だというのは、高校の政治・経済の教科書レベルの知識からもわかることだ。

◆ウェストファリア条約が作った近代の主権国家

21世紀の現在、国民主権システムの限界がいろいろ語られる。確かにアルカイダ型に国境を越えてテロ活動を行う分子は、国家主権を尊重しない。しかし、このような国際テロリズムに対する措置も、基本的に国民国家の枠組みで行う。自国内にいて、テロを行う者を隔離、排除、あるいは除去するのである。

国際テロリズムとの戦いで、国家の暴力機能が以前よりも強化されていることを軽視してはならない。ウェストファリア条約で築かれた国際社会の基本的な「ゲームのルール」は今日でも有効なのだ。

テロとの戦いにおいてオバマ大統領は国家主権を重視する方針を打ち出している。イラクの復興をイラク国民に任せるというのがその現れだ。また、オバマ政権はアフガニスタンにおけるテロを根絶するに当たって、各国との話し合いを重視している。ブッシュ前政権のような価値観外交で、各国の頭越しの外交はしないということだ。しかし、この方針を堅持すると、米国が望むような形でのテロとの戦いはできない。いずれにせよ基本はウェストファリア体制の国家主権の尊重だ。これをきちんと押さえておけば、国際社会の動きを見誤ることはない。

◆半年で世界史の知識が飛躍的に身についた実例

真理は具体的である。ここで、世界史に関して半年でまったく白紙の状態から、大手予備校の全国模擬試験で偏差値70以上の成績をとった実例を紹介しよう。

予備校の講師（英語担当）をつとめながら『月刊日本』（K&Kプレス）の副編集長をつとめている尾崎秀英氏と、ある青年の受験勉強の面倒を見たことがある。

尾崎氏は1974年生まれ（筆者より14歳年下）で、東京大学文学部の倫理学専修課程を卒業し、卒業論文は日本思想だが、西洋哲学史に通暁している。特に存在論に対する関心が高く、現在も哲学に関心を持つ大学生や若い人たちを集め、ハイデッガーの**『存在と時間』**をドイツ語で読む勉強会を主催している。

2010年6月末から、筆者たち二人で、大学に進学して本格的に神学や哲学の勉強をしたいという強い意志を持っている20代半ばのフリーター青年の受験勉強を手伝った。尾崎氏が英語と国語（現代文と古文）、筆者が世界史Bを受け持って同志社大学への受験準備を始めた。

最初に世界史の基礎知識についてチェックしたが、高校時代の勉強をこの青年はまったく覚えていない。そこで7月初めから、まったく白紙の状態を前提に指導を始めた。大手予備校の全国大学模試では偏差値40程度の学力しかない。

短期間で試験に合格するようにするためには、「漆塗り」のように、反復を重視する勉強が効果的だ。半年でどんな私立大学の世界史の試験でも合格点をとれる学力をつけることを目標にし、以下の3つの指導方針を決めた。

①世界史の勉強は1日4時間以内にする。だらだら長時間勉強をしても学力はつか

ない。
②教師陣の指導を信頼し、与えられた以外の課題に手を出さない。
③毎日の勉強量をメールで簡潔に報告する。このとき見栄を張って、過大な報告をしない。実態を正確に把握しないと適切な指導ができないからである。

そこで具体的に、第一段階では、以下の課題を与えた。

大学入試の標準とされるのは先ほど取り上げた佐藤次高他『詳説 世界史 改訂版』（山川出版社）だ。しかし、この教科書を読んだだけで、内容を記憶することはできない。そこで、通史については、わかりやすい青木裕司**『NEW青木世界史B 講義の実況中継』**（全5巻、語学春秋社）を通読することにした。ただし、第5巻は文化史なので、後回しでよい。

この作業と並行して、石井栄二編**『詳説 世界史書きこみ教科書 世界史 改訂版』**（山川出版社）を処理した。これは、『詳説 世界史 改訂版』本文の重要事項を空欄にし、解答が欄外に書かれている教科書だ。この欄外の解答を本文に書き入れていく作業を行う。単純な「力仕事」だが、これで知識が身体を通して身につく。

青年はこの作業を約6週間で終えた。そこで、第二段階として次の課題を指示した。

鈴木敏彦『**ナビゲーター世界史B**』（全4巻、山川出版社）を読み、その後、前出の『実況中継』第5巻（文化史）を読んだ。

それと並行して、佐々木巧／塚原直人編『**30日完成スピードマスター世界史問題集世界史B**』（山川出版社）と神奈川県高等学校教科研究会社会科部会歴史分科会編『**世界史A問題集**』（山川出版社）を消化した。この2つの問題集は、世界史の骨組みとなる基礎知識を定着させるのに最適だ。この青年は、第二段階の課題を9月初めまでに処理した。

ここで9月初旬に行われた大手予備校の全国統一模擬試験をこの青年に受けてもらった。100点満点で64点（平均点31・7点）、偏差値は65・3、学力レベルはS（偏差値65・0以上で最高ランク）だった。さらに11月の模擬試験では、偏差値が70を超えた。その後、第三段階として、2011年1月まで以下のカリキュラムをこの青年に消化してもらった。

『実況中継』『ナビゲーター世界史B』の再読。そして、塩田徹／永井英樹編『**各国別世界史ノート 重要事項記入式**』（山川出版社）に取り組んだ。この教材は、教科書を読むだけでは理解しにくい各国史、地域史を把握するのに最適だ。ビジネスパーソンが国際政治を理解する基本書として用いることもできる。並行して世界史教育研究会編『**世界史B　世界史問題集　新課程用**』（山川出版社）、植村光雄他『**関関同立大世界史改訂第4版**』（河合出版）を解いてもらった。

さらに、木下康彦／木村靖二／吉田寅編『**詳説　世界史研究　改訂版**』（山川出版社）の精読を指示した。本書は、高校教科書『詳説　世界史　改訂版』の構成に即し、内容を深く掘り下げ、大学院レベルの内容も含んでいる。

適切な手順を踏んで勉強を行えば、2～6カ月でこの程度の学力向上が可能だ。尾崎氏が指導している英語の学力も飛躍的に伸び、国語の成績も向上した。２０１１年2月の同志社大学の入試では、神学部、法学部、政策学部、社会学部を受験し、全学部に優秀な成績で合格した。

いまから世界史の勉強をやり直したいと考えている読者も、ここで提示したプランから若干間引きをして勉強すれば、半年程度で世界史に関する知識が飛躍的に身につく。

【日本史】

◆日本史Aの教科書を活用する

社会人にとって重要なのが、近過去の歴史に関する知識だ。「歴史は反復する」と言うが、東日本大震災後の日本の復興について考える際に、1923年の関東大震災後に作られた帝都復興院の事例研究がなされているのもその一例だ。

幕末以降の近現代史の知識を身につける場合、日本史Aの高校教科書が役に立つ。日本史、世界史はAとBに分かれる。筆者が高校生だったころ（70年代半ば）は、日本史Bから重要事項を取り出して、記述する内容を大幅に減らしたのが日本史Aだった。現在はまったく異なり、日本史Aは近現代史に特化している。解説もBより詳しく内容も深い。

日本史Aの教科書は、主に工業高校、商業高校などの実業系の学校で用いられているが、ビジネスパーソンにとって必要な知識が満載だ。残念なのは、日本史Aに準拠した学習参考書が少ないことだが、すでに教科書に文献資料も相当含まれているので、参考書なしでも十分に消化することができる。

ここでは、バブルの発生と崩壊、そして「官僚による世直し」について考えてみよう。日本が本格的なバブルで初めて踊ったのは第1次世界大戦のときだ。同時に社会的格差が深刻となり、貧困問題が発生する。河上肇の『**貧乏物語**』がベストセラーになったのもこのころのことだ。

第1次世界大戦後、戦後恐慌が社会を襲い、その影響で社会主義運動も活発になった。恐慌からようやく抜け出し、経済が好況の兆しを見せたときに関東大震災（1923年9月1日）が起きた。そこで大量の不良債権が発生し、金融恐慌が起きた。農村は窮乏するが、政府も議会も有効な対策をとることができなかった。

政府と軍は対外進出によって国内的危機を乗り切ろうとし、1931年に満州事変が勃発した。国民は軍事行動を支持し、1932年には満州国が建国された。

日本国内では、軍と民間右翼の中で社会改造の気運が強まり、1932年の五・一五事件、1936年の二・二六事件が起きた。この中で二・二六事件は、純粋な気持ちで日本社会を改造しようとした陸軍青年将校たちによるクーデター事件として特筆に値する。

冷静に考えてみると陸軍将校は、国家から給与を受け、生活する官僚だ。1936年時点から過去を顧みてみると、日本軍が強国を相手に本格的戦争を行ったのは

1904〜05年の日露戦争が最後だ。その次に、日本軍が本格的近代戦争に直面するのは1939年のノモンハン事変である。

本格的戦争を行っていない軍隊の文化は、文官の世界に近くなる。評価や出世の基準も、書類に書かれた企画力や、日常的な事務処理能力になってくる。そのような組織文化の中で二・二六事件が起きたのだ。

◆近過去の歴史から「官僚による世直し」の危うさを学ぶ

「官僚による世直し」が、どのような結果を招いたかについて、近過去の歴史から学ぶことが、同じ過ちに陥らないようにするためにも極めて重要だと思う。

その前に、まずは第1次世界大戦前後のバブルの発生と崩壊について考えてみる。第1次世界大戦は、日本の社会構造にどう影響したのだろうか。鳥海靖他『**現代の日本史 改訂版**』(山川出版社)の記述を見てみよう。

大戦景気 第一次世界大戦が長期化すると、ヨーロッパ諸国の東アジア市場へ

> の輸出は後退し、これにかわって綿糸《めんし》・綿織物《めんおりもの》をはじめ日本商品が、東アジア・東南アジア市場に大量に輸出された。アメリカの好景気を反映《はんえい》して、大戦中から戦後にかけて生糸《きいと》の対米輸出も、いちだんと好調をつづけた。１９１５（大正４）年以降、貿易は輸出超過《ちょうか》に転じ、国際収支《こくさいしゅうし》は大はばな黒字となり、それまで債務国《さいむこく》だった日本は、一転《いってん》して債権国《さいけんこく》になった。中国向けの資本輸出もさかんにおこなわれ、日本国内の労働賃金《ろうどうちんぎん》も上昇したことから、大戦後は大手の紡績《ぼうせき》会社が低賃金の労働力を求めて、つぎつぎに中国に工場を建設した（**在華紡**《ざいかぼう》）。
>
> 国内産業では、大戦中に世界的に船舶《せんぱく》の需要《じゅよう》が急増し、造船業・海運業がブームをむかえて、日本の造船量はアメリカ・イギリスについで世界第3位に達し、また技術的にも、世界の最高水準に肩を並べるまでになった。造船会社・海運会社は巨額の利益をあげ、とくに中小海運業者のなかには、にわかに巨万《きょまん》の富を蓄《たく》わえて**船成金**《ふななりきん》とよばれる者も続出した。
>
> （鳥海靖他『現代の日本史 改訂版』山川出版社、１０１ページ）

戦争バブル経済によって、急に富裕層が生まれてきたのである。一昔前のＩＴバブルを彷彿させる。

日本陸軍がプロシアに範をとったことからも、第1次世界大戦前、日本とドイツの関係は経済分野においても緊密だった。それが戦争の結果、中断される。このことも日本の産業に変化をもたらした。

> 薬品・染料《せんりょう》・肥料《ひりょう》などの化学工業分野でも、ドイツからの輸入が途絶《とだ》えたのをきっかけに、国産化がすすんだ。工場の動力も、蒸気力《じょうきりょく》にかわって、電力がさかんに用いられるようになり、**水力発電**による電力事業や電気機械工業も発達した。
> 第一次世界大戦を通じた大戦景気《たいせんけいき》のなかで、日本は飛躍的《ひやくてき》な発展をとげ、工業生産額は農業生産額を上まわった。
> （同書、102ページ）

この教科書では記述が印象論と受け止められないように、注の部分で〈経済学者の推定では、1914（大正3）年から1919（大正8）年までの5年間で、日本の鉱工業生産は1・68倍、GNPは1・42倍（ともに実質）に達したといわれる〉（同書、同ページ）と記述している。こうしたきめの細かい配慮が、この教科書の特徴である。

◆第一次世界大戦後の不景気で格差が拡大

バブル経済は必ず崩壊する。それにより経済の構造転換がうながされる。

> **戦後恐慌** 好景気は大戦後もしばらくつづいたが、１９２０（大正９）年には、一転《いってん》して不景気が訪れた（**戦後恐慌**《せんごきょうこう》）。以後、景気は不安定になり、１９２０年代は慢性的《まんせいてき》な不況がつづいた。大戦景気に便乗《びんじょう》して経営規模を拡大した新興財閥《しんこうざいばつ》のなかには、戦後恐慌で打撃を受け、長びく不況のなかで没落《ぼつらく》する者があいついだ。
>
> しかし、三井・三菱・住友・安田のいわゆる四大財閥は、恐慌の影響を最小限におさえてこれを切り抜け、１９２０年代を通じて多くの産業部門に進出し、経済界での支配力をいっそう強めていった。
>
> （同書、１０２ページ）

恐慌の結果、本格的なリストラに耐え抜くことができる大資本だけが生き残り、老舗財閥の力が強化された。そして、社会的格差が拡大し、貧困層の不満が強まり、「世直し」の気運が出てきたのだ。

三井・三菱・住友・安田のいわゆる四大財閥は、経済界における支配力を強めるだけでなく、政界との癒着を強めた。資本の支配に抵抗する労働者の運動も強化され、1920年に日本社会主義同盟が創設されたが、翌21年に政府によって解散させられた。1922年には、モスクワに本部を置くコミンテルン（国際共産党）の日本支部として日本共産党が非合法組織として設立された。

財閥の台頭によって生まれた社会格差を是正しようとしたのは、社会主義者、共産主義者だけではない。右翼の高畠素之（日本初のマルクス『資本論』の全訳者。国家社会主義を提唱）、大川周明（1932年の五・一五事件に連座）、北一輝（1936年の二・二六事件に連座し、銃殺刑）たちの右翼、国家主義陣営の理論家、活動家も、国家改造や革新によって「世直し」をしようとした。

◆関東大震災以降、銀行の経営破綻が続出

1923年9月1日、相模湾を震源とするマグニチュード7・9の関東大震災が起こり、大震災による破壊は日本経済を一層混乱させた。

金融恐慌の発生　1923（大正12）年の関東大震災《かんとうだいしんさい》により、中小銀行は取引先の多くが被災《ひさい》して決済《けっさい》できなくなった手形《てがた》（**震災手形《しんさいてがた》**）を多くかかえ、経営状態が悪化していた。政府の損失補償《そんしつほしょう》のもとに、日本銀行が震災手形の再割引《さいわりびき》に応じるという救済措置《きゅうさいそち》がとられたが、1926（昭和元）年末になっても多額の未決済の手形が残っていた。

第1次若槻礼次郎《わかつきれいじろう》（1866〜1949）内閣（憲政会）は、震災手形の整理に着手したが、多額の不《ふ》良債権《りょうさいけん》をかかえた銀行の経営悪化が表面化した。そのため、1927（昭和2）年3月に**取付《とりつ》け騒《さわ》ぎ**がおこり、多くの銀行は経営が破綻《はたん》して、休業に追い込まれた（**金融恐慌《きんゆうきょうこう》**）。そのなかには、台湾《たいわん》銀行や華族《かぞく》を出資者《しゅっししゃ》とする十五《じゅうご》銀行などの有力銀行もふくまれていた。若槻内閣は、台湾銀行を救済するため緊急勅令《きんきゅうちょくれい》を

> 発布《はっぷ》しようとしたが、枢密院《すうみついん》で否決されて総辞職した。かわって成立した田中義一《たなかぎいち》（1864～1929）内閣（立憲政友会）は、３週間の**モラトリアム**（支払猶予令《しはらいゆうよれい》）と日本銀行からの非常貸出《ひじょうかしだ》しによって、ようやく金融恐慌を鎮静化《ちんせいか》した。
>
> （同書、１１２～１１３ページ）

不良債権、銀行の破綻なども、過去に例のあった反復現象なのである。金融恐慌が沈静化した後、どのような現象が起きたのだろうか。

結果として財閥への富の集中が一層加速することになる。１９２６年の普通銀行数が１４２７であったのに対して、１９３２年には５３８に減少した。一方、三井・三菱・住友・安田・第一の５大銀行の預金占有率は、１９２６年の27・８％から１９３２年には40・０％になっていた。

> 金融恐慌により、多くの中小銀行は大銀行に整理・統合され、大銀行を中核とした大財閥《だいざいばつ》は、さまざまな産業部門を傘下《さんか》におさめて多角経営《たかくけいえい》をおこなうコンツ

エルンの形態に発展し、いわゆる**金融資本**《きんゆうしほん》を形成した。そして大財閥は、政治資金の供与《きょうよ》などを通じて政党との結びつきを強め、政治への発言力を増大させていった。

（同書、113ページ）

恐慌によって、大資本の力が一層強化されるという現象が生じたのである。

◆世界恐慌を過小評価し、金解禁を実施した日本

日本経済は緊縮財政と産業合理化によって、長期不況をようやく抜け出した。そこに世界恐慌の嵐が襲ってくる。当時の日本政府は世界恐慌の衝撃を明らかに過小評価していた。この経緯を、高校日本史の教科書はわかりやすく書いている。

世界恐慌と金輸出解禁　1929（昭和4）年7月、田中内閣の退陣を受けて

> 立憲民政党《りっけんみんせいとう》（憲政会の後身）の浜口雄幸《はまぐちおさち》（1870〜1931）内閣が成立した。浜口内閣は、内政面では井上準之助《いのうえじゅんのすけ》（1869〜1932）大蔵大臣を中心に、不況下《ふきょうか》でありながらインフレ傾向がつづく経済界の体質を、緊縮《きんしゅく》財政と産業合理化によって改め、物価を引き下げて国際競争力を強化しようとした。そして、1930（昭和5）年1月に、第一次世界大戦後、長い間の懸案《けんあん》となっていた**金輸出解禁**《きんゆしゅつかいきん》を実施した。
>
> （同書、113ページ）

不況下でありながらインフレ傾向が続く状態も、21世紀の現在だけのことではない。80年前にも似たような状況があったのだ。さらに、この時期に日本政府が金解禁を行ったのは、世界恐慌の影響を正確に予測していなかったからだ。

> 1929年10月にアメリカのニューヨークの株価暴落《ぼうらく》にはじまった**大恐慌**《だいきょうこう》の波が全世界に広がり（世界恐慌）、金輸出解禁は「嵐《あらし》のなかで雨戸《あまど》を開く」結果となった。日本の最大の輸出市場であるアメリカの深刻な不況で輸出は激減し、最

大の輸出品だった生糸《きいと》の価格は暴落して製糸《せいし》業は大打撃を受けた。一方、外国から安い商品が流れ込んで大はばな輸入超過《ちょうか》となり、大量の金が短期間に国外に流出して経済界は混乱した。企業では操業《そうぎょう》短縮・人員整理・賃金切下げがおこなわれ、倒産する会社も続出して失業者が増加した（**昭和恐慌**《しょうわきょうこう》）。

（同書、113～114ページ）

都市では失業者が大量に発生したが、農村の窮乏は目も当てられないような状況になった。特に生糸の価格暴落に連動して、繭の価格が暴落した。そのため、農民にとって重要な現金収入源であった養蚕業が、壊滅的打撃を受けてしまったのだ。

政府は恐慌対策として土木事業などを実施し、農村に対して**農山漁村経済更生**《のうさんぎょそんけいざいこうせい》**運動**をすすめた。しかし1932～33（昭和7～8）年ころから、都会では景気回復が順調に進行したのにくらべて、農村では1934（昭和9）年の東北地方の冷害による凶作《きょうさく》の影響もあって、不況からの回復はなかなかすすまなかった。

こうした昭和恐慌・農村恐慌のなかで、国民の間には政府のとる経済政策に対する批判や政党政治・財閥に対する不信感が高まり、逆に軍部への期待感もおこってきた。

（同書、114ページ）

不況から抜け出す明確な指針を打ち出せないような政府は国民の信頼を失う。31年の満州事変と翌32年の満州国建国によって、植民地経営で日本が不況から抜け出すシナリオが提示された。そして、農民を満州に植民させる動きが本格化。それにより農民の貧窮をとりあえず解決することができた。そのために、満州国建設というシナリオを描いた軍部に対する期待が国民の間で高まる。これが軍部のクーデターを容認する雰囲気を作ったのだ。

◆改革運動は不遇の知的エリートが起こす

異議申し立て運動や改革運動は、経済的に困窮した状況においては起きにくい。そのような状況では、各人が生活を維持するために精いっぱいで、政治に目を向ける余裕がなくなるからだ。また、これらの運動が実際に困窮している社会の底辺の人々から起きるということもない。

だいたい革命運動やテロを伴う国家改造運動は、知的エリートが起こす。現在の体制で、恵まれた地位を得ていない知的エリートが、困窮している人々の立場を代行して行うということになる。

世界恐慌を、日本は満州国建設という植民地支配の拡大によって乗り切ろうとした。1932年3月、関東軍は清朝最後の皇帝・溥儀を執政（後に皇帝）に擁立し、満州国を建国したが、当時の立憲政友会の犬養毅内閣は、満州国を承認しなかった。国民はこのような内閣の姿勢に不満を持った。

政党内閣の崩壊　満州事変勃発《まんしゅうじへんぼっぱつ》のころから、日本国内では軍部の急進派や国家主義団体の間に、国家の危機と国民の窮状《きゅうじょう》を打開するため、政党内閣やそれを支持する財閥《ざいばつ》・政党などの支配層を直接行動によって打倒し、国家の改造・社会の革新《かくしん》を実行しようとする動きが活発になり、1931（昭和6）年3月と10月に、政党内閣を倒して軍事政権をつくろうとする、軍部急進派のクーデタ未遂《みすい》事件がおこった（三月事件・十月事件）。翌1932（昭和7）年2～3月には、浜口《はまぐち》・若槻《わかつき》両内閣で緊縮財政と金解禁《きんかいきん》政策の責任者であった井上準之助《いのうえじゅんのすけ》前蔵相と、財界の大物《おおもの》で三井財閥の指導者団琢磨《だんたくま》（1858～1932）三井合名《ごうめい》理事長が血盟団《けつめいだん》の青年に狙撃《そげき》され、暗殺された（**血盟団事件**）。つづいて同年5月、海軍青年将校らが首相官邸などを襲撃《しゅうげき》し、犬養毅《いぬかいつよし》首相を射殺《しゃさつ》するという事件がおこった（**五《ご》・一五事件《いちごじけん》**）。

（同書、120ページ）

政党政治が腐敗し、議会を通じて民意を反映することができない。マスメディアも「世直し」のために積極的な努力をしない。このような状況だと、まじめで思い詰めた人々が直接行動、すなわちテロによって「世直し」をしようという誘惑にとらわれる。歴史は繰り返す。たとえば、少し前の事件だが、2008年11月、元厚生事務次官夫妻が殺害された。この直後、新聞やテレビ、ラジオに「年金問題に絡んだテロではないか」という報道が一斉に流れた。

犯人であると自首した男性が、愛犬を保健所によって殺害されたことに対する復讐であるという理解しがたい供述を行ったことによって、テロ説は紙面から消えてしまった。ただし、マスメディアが年金テロという「誤報」を軽々に流した原因についてよく考えてみる必要がある。

新聞記者も警察官も国民も、「このような状況では、いつテロが起きても不思議ではない」という気持ちを持っているのではないだろうか。あるいは「テロくらいの激しいことがなくては、世の中は変わらない」という諦めと期待が交錯した不思議な感情が、国民の意識の下に潜んでいるのではないだろうか。

五・一五事件のときは、被告人に対する助命嘆願運動が全国的に広がり、新聞もこの運動を支援した。この動きが1936年の二・二六事件を誘発したのだと筆者は考える。

犬養内閣に続いた斎藤実内閣は満州国を承認する。満州国の建国を強行したことで国際的に孤立した日本は、1933年に国際連盟からの脱退を宣言した。

国内では、大日本帝国憲法の自由主義的、議会主義的解釈として、当時一般に認められていた美濃部達吉（貴族院議員）の天皇機関説が反国体思想であるという理由で弾劾され、美濃部の著作は発禁になり、貴族院辞任に追い込まれた。国体明徴という国家主義的言説が論壇で支配的になる。このような状況を背景に二・二六事件が起きる。

> **二・二六事件**　このころ陸軍の内部では、天皇中心の皇道《こうどう》精神を唱えて国家改造を説く急進派（いわゆる皇道派）と、軍部全体の組織力によって統制《とうせい》を強化しつつ国内の革新《かくしん》を進めようとする穏健派《おんけんは》（いわゆる統制派）との対立が、深まりつつあった。
>
> 1936（昭和11）年2月26日、皇道派系の急進的な青年将校が、千数百名の兵士をひきいて反乱をおこした。反乱軍は、首相官邸などを襲撃して占拠し、内大臣斎藤実《まこと》・大蔵大臣高橋是清《たかはしこれきよ》ら政府要人を殺害したが、まもなく反乱は鎮圧された（**二《に》・二六事件《にろくじけん》**）。
>
> （同書、122ページ）

陸軍は、反乱を起こした青年将校に対して厳罰で臨んだ。戒厳令下の非公開軍法会議の結果、多くの者が死刑にされ、思想的指導者と目された北一輝も銃殺刑にされた。これ以後、日本は急速に軍部主導の国家統制を強め、戦争への道を歩んでいく。

◆五・一五事件と二・二六事件の違いと共通点

五・一五事件がテロであったのに対し、二・二六事件はクーデターであった。共に目的は「世直し」で、手段として暴力を行使した。

テロの場合は、民間人が暴力を行使する。これに対し、クーデターは国家機関が授権された範囲を超えて暴力を行使する。いずれの暴力行使も、最大の暴力機関である国家によって封じ込められる。そして、国家の暴力によって社会が窒息させられてしまう。

２００８年10月末に田母神俊雄航空幕僚長の論文が問題になり、同氏は自衛隊を退官することを余儀なくされた。このときも多くの人々がクーデターの可能性を予感した。また、２０１０年11月には、同年９月に発生した尖閣諸島沖中国漁船衝突事件の模様を写したビデオを海上保安庁の一色正春海上保安官がユーチューブに投稿する事件が発生した。海上保安官も武器を使用することが認められた「力の省庁」の官僚だ。独り善がりの正義感から「力の省庁」の官僚が、服務規律を逸脱する事態は実に危険だ。「日本の閉塞状況を打破できるのは実力行使しかない」という意識が今後高まってくる危険性を筆者は恐れる。この雰囲気がクーデターを誘発する。

1930年代の歴史を振り返ることで、「官僚による世直し」の危険性を再認識することができる。

【政治】

◆日本の政治構造を高校教科書で理解する

歴史を勉強するのは、その知識を現在に結びつけ、有効に活用するためだ。それだから、歴史の勉強は必然的に政治と結びつく。

一般に日本の若者の政治意識は低いという。学校で政治についてきちんとした教育がなされていないから若者の政治意識が低いという意見をときどき耳にするが、少し違うような気がする。

少なくとも高校の日本史、政治・経済の教科書を見るかぎり、政治に関する記述は制度に関する記述にとどまらず、具体名を挙げて圧力団体の機能や、金権政治の構造について述べるなど、踏み込んだ記述がなされている。

高校教科書レベルの政治に関する基礎知識をきちんと整理して、新聞の政治記事を読むことで、自分の頭で現在の政治の流れについて理解することができるようになる。日本の政治構造を理解するために欠かせないのは、「55年体制」についての基礎知識だ。

1955年に左派と右派に分裂していた日本社会党（社会党）が統一した。これに危機意識を感じた保守政党が合同し、自由民主党（自民党）が結成された。60年代に社会党から分裂した民主社会党（のちに民社党と改称）、宗教勢力（創価学会）を母体とする公明党が生まれたが、政権は自民党が担っていた。

自民党は、憲法改正を党是としている。憲法改正を発議するためには、総議席の3分の2以上を必要とするが、社会党を中心とする護憲勢力が「55年体制」の下では、常に3分の1を超えていたので、憲法改正は不可能な状態だった。

◆自社の対峙の裏側で行われた「国対政治」

少し突き放して見るならば、自民党と社会党の対立図式は、米ソの東西冷戦を日本国内で反映する性格を帯びていたと言える。

米ソは表面上対決していたが、裏ではさまざまな折衝を行い、米ソが直接軍事的に対峙する「熱い戦争」を避けようとする動きがあった。自民党と社会党も、国会では激しく対峙したが、舞台裏では両党の有力者が行う「国対（国会対策）政治」が行われていた。もっとも国対政治の結果、社会党の要請も自民党の政策にかなり取り入れられたというのが実情だった。

高校の政治・経済の教科書は、政党の問題点を端的に指摘している。

> 日本の政党の特徴は、政党に加盟している党員数が少ないことである。そのため党員の納める党費だけでは運営できない政党も多い。また、選挙運動の際には、外部の労働組合や宗教団体、関連する業界団体などの支援にたよっている。特定の官庁との結びつきも強く、政策決定に大きな影響力を持つ族《ぞく》議員が与党に多く生まれた。
>
> （山崎廣明他『詳説 政治・経済』山川出版社、61ページ）

政策決定に大きな影響力を持つ族議員が、自らを支援する企業に対して便宜を図るのは自然の成り行きだ。そこから政治腐敗が生じやすくなる。

また、民主政治にはカネがかかる。資本主義社会において、カネと権力は、かなりの程度代替可能だ。それだから〈札束《さつたば》によって政治が左右される金権政治〉（同書、同ページ注）が生じる。

> 1970年代になると、**政界汚《お》職《しょく》事件**などがおこり、80年代になると自由民主党は議席数を減らしはじめた。1993年には非自民連立政権として細川護熙《ほそかわもりひろ》（1938〜）内閣が誕生して55年体制は終わりを迎え、**連立政権の時代**となった。政権交代もめまぐるしく、1994年の自民・社会・さきがけを与党とする村山富市《むらやまとみいち》（1924〜）内閣から、2009年の自民・公明・保守の3党による麻生太郎《あそうたろう》（1940〜）内閣にいたるまで、政党の離合集散《りごうしゅうさん》と連立で、複雑な政治情勢が生まれた。
>
> （同書、60〜61ページ）

もっとも、政党の集合離散を繰り返す中で、自民党と民主党による2大政党の対立図式が出来上がった。民主主義の原則は、政権交代が行われることだ。しかし、2009年8月30日の衆議院議員選挙（総選挙）により政権交代が起きるまで、戦後日本で選挙の結果、政権交代が行われたことはない。「55年体制」において、政権交代が行われなかったことはなぜなのだろうか。

筆者は、社会主義に対する恐れがあったのがその原因と思う。ソ連共産党、中国共産党と親交が深く、綱領的文書『日本における社会主義への道』で革命路線を明確にしている社会党が政権をとったならば、日本が東側陣営に組み込まれるという危機感を官僚、企業家たちは抱いたのだ。

したがって、検察による政治腐敗の追及も、政権交代が起きる引き金になることを巧みに避けた。

東京地方検察庁特別捜査部が摘発した1976年のロッキード事件、1989年のリクルート事件も、保守政治の構造から生まれる問題であったにもかかわらず、この構造には踏み込まなかった。そして、ロッキード事件では内閣総理大臣をつとめた田中角栄氏、リクルート事件では官房長官をつとめた藤波孝生氏の責任を属人的に追及するにとどまった。

もっともその後も1992年の東京佐川急便事件、1993年のゼネコン汚職など政治とカネを巡る事件を特捜部は定期的に摘発した。

◆政党助成金は政党の国家への依存を強める

> こうした金権政治への批判から、1994年の政治改革の論議によって**政党助成法**が制定され、政党の活動費用の一部を政党助成金として国費から支給されるようになった。
>
> （同書、61〜62ページ）

筆者は国費、すなわち国民の税金から政党に支援がなされることは、政党の国家への依存を強めることになるので、よくないと考える。政党は国家ではなく、社会に属する組織だ。それならば、政治にかかるカネも国家ではなく、国民が政党に対して直接拠出するのが筋と思う。

政党が安易に国家からカネをもらうようになると政治家の発想が官僚化してくる。苦労して、国民の浄財を集めることも、政治家の資質を鍛えるうえで重要と思う。

それから、企業献金は全面的に禁止されるべきだ。

企業の目的は営利追求だ。そこで企業が政治献金の見返りに政治家に口利きを頼むと贈賄に該当する可能性が生まれる。また、政治家の政治信条に共鳴し、見返りを求めなければ、株主に対する背任に該当する可能性が生まれる。贈賄や背任に当たる可能性のあるカネで政治活動をすることは不適切だと筆者は考える。

【経済】

◆再評価されるマルクスと社会主義を検証する

2008年9月のリーマンショックの後、世界的規模で広がる不況に直面して、社会主義が再評価される傾向にある。ここでソ連型社会主義について知識を整理しておけば、社会主義の魅力と限界がわかる。

この点でも、高校教科書はイデオロギーが過剰にならず、適切な知識を提供してくれる。政治・経済教科書のマルクス主義に関する記述を見てみよう。

社会主義経済のしくみ　資本主義経済の確立期には、労働者は低賃金・長時間労働などの劣悪《れつあく》な労働条件で経済的不平等のもとにおかれ、貧困《ひんこん》に苦しんだ。**マルクス** Marx, 1818~83 は、このような資本主義経済の構造的《こうぞうてき》矛盾《むじゅん》を指摘し、労働力の商品化による人間疎外《そがい》を克服するために、社会主義社会の実現が必要であると主張した。
（山崎廣明他『詳説 政治・経済』山川出版社、92ページ）

マルクスの言説の中心である「労働力の商品化」と「人間疎外の克服」がきちんと盛り込まれている。

労働力とは、人間が労働する能力のことだ。労働力が商品化されるということは、労働力にも商品としての価格があるということだ。この価格が賃金である。

マルクスの『資本論』の論理を適用すると、1カ月の賃金は3つの要素によって構成されている。第一は、労働者が家を借り、食事をとり、服を着て、それにいくばくかのレジャーをして次の1カ月間労働するエネルギーを蓄えるのに必要な費用。第二は、労働者が家族を養い、子どもに教育を受けさせ、次世代の労働力を養うために必要とされる費用。第三は、労働者が技術発展に対応して新たな仕事に対応できるようにするために必要とされる費用だ。

いまの日本では、年収２００万円以下の給与所得者が１０００万人を超えている。これでは、前述の第一の要素をかろうじて維持することができるのみで、次世代の労働者を再生産することができない。日本の資本主義体制を維持・発展させるという観点から、企業経営者が貧困対策についてもっと真剣に考えるべきだ。

疎外（Entfremdung）とは、本来の姿でなくなっていることをいう。労働力の商品化が解消されれば、人間は労働の喜びを再発見するとマルクスは考えた。それによって、人間はお互いに助け合う本来の社会を取り戻すと考えたのだ。

◆青写真がなかったソ連型社会主義

しかし、現実の社会主義はどのようなものであったか。

社会主義経済では、生産手段の私有は原則として認められず、（１）工場や機械設備・農地などの生産手段は**国有**または**公有**で、（２）生産は政府の立てた計画に基づいておこなわれる（**計画経済**）。また、（3）その成果は労働に応じて分配され、（4）生産手段を私有する資本家はおらず、すべての国民は働く者である労働者と農民であるとされた。

社会主義経済の成立と変容　マルクスの**科学的社会主義**の考えに基づき、1917年、レーニンの指導によりロシア革命がおこり、世界最初の社会主義国であるソヴィエト連邦（ソ連）が成立した。第二次世界大戦後、社会主義経済は、東欧《とうおう》や中国・ベトナムなどにも広がり、1960年代はじめまでは、資本主義諸国と並ぶ経済成長をとげた国もあらわれた。

（同書、92～93ページ）

確かにソ連型社会主義諸国では、労働力の商品化はなくなった。しかし、共産党官僚の指令による強制労働が行われたので、労働者は疎外から解放されなかったのだ。

ロシア革命からスターリン主義が確立する時期までのソ連の政策の変遷についても、かなり踏み込んだ記述をしている。

ロシア革命により、1918年後半にソヴィエト体制はボリシェヴィキ（共産党）の一党支配となり、地主からの土地の無償《む しょう》没収《ぼっしゅう》と農民への分配、工業・銀行・貿易の国営化や国家管理などが実施された。

革命後、旧帝政派の軍人やボリシェヴィキに反対する政党は、各地に反革命政権を樹立《じゅりつ》した。（中略）ソヴィエト政府は赤軍《せきぐん》を組織し、危機的な食料状況を解決するために、農民から穀物を強制的に徴発《ちょうはつ》して、都市住民や兵士に配給する戦時共産主義を実施した。その結果、1920年には国内の反革命政権はほぼ制圧された。

しかし、戦時共産主義は農業や工業の生産に混乱と低下をもたらし、多数の餓《が》死者《ししゃ》まで出す深刻な事態を招いた。このため、レーニンは国有化をゆるめ、穀物徴発をやめて、農民に余剰《よじょう》生産物の自由販売を認め、中小企業の私的営業も許した。この転換は新経済政策（ネップ）とよばれ、これによって国民経済は回復に向かい、まもなく生産は第一次世界大戦前の水準に達した。

レーニンの死後政権を握ったスターリンは、1928年、ネップにかわって重工業化の推進による社会主義建設を指示し、第1次五カ年計画を実行した。農業でも集団化と機械化が強行され、土地・農業・家畜《かちく》を共有する農民の共同農業経営組織であるコルホーズや農業経営のモデルとなる国営の大規模農場であるソフホーズが建設された。

（同書、93〜94ページ）

引用した部分は、大学院修士課程でロシア専攻の入試に出てもおかしくないくらいレベルの高い内容だ。

これを読むとソ連型社会主義に明確な青写真がなく、ジグザグを繰り返していたことがよくわかる。マルクス主義は国家の廃絶を主張していたにもかかわらず、レーニンが創設し、スターリンが基礎固めを行ったソ連という名の社会主義国家は、極端な国家主義的傾向を帯びるようになった。そこでは共産党官僚がノメンクラトゥーラ（特権階層）として実権を握っていたのだ。

◆ビジネスパーソンにも役立つ高校政治・経済教科書の「勉強法」とは？

高校教科書を用いた事例研究は十分に行ったので、まとめとして、山崎廣明他『詳説 政治・経済』（山川出版社）に書かれている勉強法について検討する。この学習法は、若手ビジネスパーソンが仕事をするうえでもとても役に立つ。この教科書では、学習法を9つのポイントに分けている。

第一は「テーマを決める」ことである。

ビジネスパーソンの場合、テーマは仕事をするうえで、現在、もしくは将来必要となる事項がテーマとなる。教養のための外国語とか歴史というような、動機があいまいなままだらだら学習することは時間と機会費用の無駄なのでやめたほうがいい。

> まず、事実をより詳しく知る作業からはじめよう。つぎに、問題の原因について推論《すいろん》を立てて、自分なりの仮説《かせつ》を立てるとよい。
>
> （同書、200ページ）

この教科書ではこう記されているが、ビジネスパーソンの場合も同じ手順をとればいい。第二は「事実を知る」ことだ。

> 学校の図書館や公立図書館などにいけば、政府刊行物（白書など）、統計資料（『日本国勢図会』や年鑑など）、新聞の縮刷版《しゅくさつばん》や月刊雑誌などのバックナンバーを利用してみることができる。
>
> （同書、同ページ）

『外交青書』『防衛白書』などの政府刊行物は、あまりわかりやすく書かれていない。この点、矢野恒太記念会が発行する**『日本国勢図会』『世界国勢図会』**は、中学生でも理解できる丁寧な作りになっているうえ、実務にも十分耐えることができる内容だ。書籍による資料はどうしても現実とタイムラグが生じる。そこで、第三の「最新のデータを知る」という課題が出てくる。インターネット情報に潜んでいる危険性についても、この教科書では注意を喚起している。

> 官庁の公開データなどは信頼性の高いものであるが、個人や企業の提供するホームページについては、複数のものを比較検討する慎重さが必要になる。
>
> （同書、同ページ）

書籍、インターネットで得られた情報をもとに、第四の「インタビューをする」とより深い情報が得られる。

> 詳しいことを知っている人（たとえば、ジャーナリストや専門家など）に直接話を聞くことは問題解決に大変に役立つ。しかし、聞く前に自分なりに調べておかないと貴重な内容を聞きもらすことにもなる。
>
> （同書、同ページ）

これもインタビューに当たっての重要な注意だ。自分が理解できないことは、いくら専門家の話を聞いても知識が身につかない。未知の外国語で話されてもさっぱり理解できないようなものだ。

読者はどのレベルの基礎知識が必要か心配されるかもしれないが、これまで見てきたように高校教科書程度の水準があれば十分である。そのうえでこの教科書では、第五の「専門書を読む」ことをすすめる。ある程度の基礎知識があり、専門家が何を話しているかをだいたい理解できるようになって初めて専門書を読むことができるのだ。

自分の考えをまとめるためには論理をしっかりと固めて、体系的にまとめる必要がある。そのためには、その分野の専門書にあたってみよう。さらに専門書には巻末に参考となる文献を列記してあったり、注としてより詳しい解説と文献をあげてあるものがあり、参考となる。

（同書、２００〜２０１ページ）

また、第六の「アンケート調査をする」ことが効果的な場合もある。

これらの情報収集を基礎にして、第七の「レポートを書く」ことが重要だ。

その際、①テーマ設定の理由、②調査の方法、③仮説、④調査の結果、⑤結論、⑥参考とした資料や文献など、といった順で整理して書いてみよう。そうした手順をへることで思考や論理を深化させることができる。

（同書、201ページ）

業務用のレポートもこの手順で書けば、まず間違いなく合格点に達する。

◆プレゼンやディベートで、より真理が見えてくる

さらに第八に「プレゼンテーションをしてみよう」という課題を立てる。

当然時間の制約があるのだから話のポイントをしぼることが必要である。話のスピードや身振りなどの技術、視聴覚機器を使っての発表も説得力を増すものである。レジュメを用意してあらかじめ配布するなどすれば、聞く人の理解を得や

すい。

（同書、同ページ）

プレゼンテーションの手順としても基本的に正しい。もっとも筆者の場合、プレゼンテーションでは、原則としてパワーポイントやレジュメは用いない。話だけで、参加者にメモをとってもらうようにしたほうが、理解度と記憶への定着度が高いからだ。

統計数字や固有名詞が出てくるときも、それを書いた紙を渡すが、プレゼンテーション終了時に回収すると告知し、実際に回収する。参加者が紙から数字や固有名詞を書き写す作業をすることにより、記憶に一層定着するようになるからだ。ちなみにインテリジェンス機関のブリーフィング（説明会）では、メモをとることがいっさい認められない場合も多い。こういう状況になると集中力が研ぎ澄まされるので、数字や固有名詞もきちんと記憶できるものだ。

この教科書では、第九に「その他の方法」という項目を設け、ディベートについて説明している。

> ディベートは一つのテーマについて肯定側と否定側に立って討論をおこなうゲームである。立論・反対尋問《じんもん》・最終結論といった順で主張を展開する。論争に勝つために相手側の質問をいろいろ想定するなかで、テーマに対する新たな視点をみつけることもある。相手の論理の矛盾《むじゅん》や弱点をつくためには相手よりももっと詳しく知ろうと努力しなければならないだろう。こうした活動も問題解決の糸口になる。
>
> （同書、202ページ）

ディベートは真理を見い出すための討議ではなく、立場をあらかじめ決めたうえでの言論による「決闘」である。このゲームで副次的に真理が見えてくることがある。

このように高校政治・経済教科書の勉強法は、ビジネスパーソンの役に立つレベルの高い内容なのである。

【国　語】

◆知識や情報の活用に大切な論理的思考能力

すべての勉強の基礎になるのは読解力である。

筆者が見るところ、日本語の読解が正確にできない、若手ビジネスパーソンが非常に多い。テキストから自分に都合がいい部分だけを拾う。あるいは理解できる部分と理解できない部分の仕分けをせずに、なんとなくわかったつもりになってしまう。こういう読み方をしていると、テキストを通じ、知識を身につけることができない。この問題を克服するためには、高校レベルの現代文を、別の角度から勉強し直すことだ。具体的には、テキストの内在的論理をつかむ読み方を体得することである。

この観点から、優れた大学受験参考書がある。出口汪『**NEW出口現代文講義の実況中継**』（全3巻、語学春秋社）だ。

筆者の場合、現代文に関しては、比較的得意な科目で、試験でもそう悪い点をとることはなかったので、特に勉強法について考えたことがなかった。強いて言えば、漢文や古文の勉強を兼ねて漢字練習と文学史の勉強を少ししただけである。現代文は感覚や経験で解くというのが、筆者が受験生時代に持っていた常識だった。
このような常識が間違いであると出口氏は厳しく批判する。

現代文はどんな教科かって聞かれたら、結論をズバリ言いますよ。**現代文というのは、君たちの論理的思考能力を問う教科です。**実は入試問題にはいろんな教科がありますけど、所詮《しょせん》、二つのことしか試してこない。何かっていったら、**論理と知識**ですね。この二つ。教科が変わっても、結局はこの変形なんですよ。

例えば、いちばん知識の比重が大きいのは何かというと、これは「社会」かもしれない。というのは、どれだけ論理的に、いわゆる筋道を立ててものごとを考えたとしても、人名、事件名を覚えてなかったら点になりませんよね。まあ、どれくらいの比重か分からないけど、たぶん七割ぐらいは知識のウェイトが占めるでしょう。

もっとも、どれだけ事件名を暗記したって、時代の流れに沿って、きちんと理解しないと、やっぱり点になりません。時代の流れに即して、きちんとものごとを理解していく力というのが論理的思考能力でしょう。これが三割ぐらいは占める。

受験を離れても、社会科系の知識が必要となる国際情勢の分析については、知識が7割で論理的思考能力が3割程度というのが、筆者の実感に合致している。インターネットが普及したことによって、20年前と比較して、情報は格段にとりやすくなった。それにもかかわらず、日本の外務省が国際情勢の分析を間違えたり、情報が十分あるのに深く分析しなくてはならないテーマに気づかない原因は、論理的思考能力の欠如によるところが大きい。

（出口汪『ＮＥＷ出口現代文講義の実況中継①』語学春秋社、6〜7ページ）

◆論理を無視した知識はすぐに記憶から消える

出口氏は、どういう意味で現代文を論理的教科と呼ぶのだろうか。

現代文で必要なのは、**九割が論理的思考能力**です。覚えるような要素というのは、ほとんどないんです。もちろん漢字や、あるいは文学史など、少しはあるかもしれません。でもたとえ、知ってなくても、そんなに痛くない。なぜかと言ったら、残り九割の読解力の問題と直接関係がないからです。たとえ、漢字が書けなくたって、文章は読めますよね。そういう点では、例えば、数学の公式を知らないとか、あるいは単語を知らなくて英文を読めないというのとはだいぶ違うんだね。だから、現代文はほとんど論理的な思考能力を問う教科と言ってもいいのです。

そういったわけで、現代文ができないというのは、実に困るんです。現代文というのは、**すべての教科の土台**になってくるからです。

（同書、7〜8ページ）

出口氏の指摘は極めて的確だ。論理連関を無視しても、志望校や資格試験に合格したいという強い動機があれば、力業で相当量の知識を記憶することができる。しかし、その目的が達成されると、その知識はすぐに記憶から消えてしまう。

プロの通訳ならば、にわか勉強で2〜3日の間に300語くらいの単語を覚えることはそう難しくない。しかし、仕事を終えると1カ月も経たないうちに意味を理解していない単語は記憶から消えてしまう。

◆文書の読解力を飛躍的に向上させる手法

現代文に関する学習参考書を買い集め、研究してみたが、ほとんどの参考書はビジネスパーソンの仕事に直接役立つわけではなかった。しかし、出口汪『ＮＥＷ出口現代文講義の実況中継』は別格だ。この参考書に真剣に取り組めば、仕事で使う文書の読解力が飛躍的に向上する。出口氏は評論文の読み解きについて、こう説明する。

> まずね、入試現代文の、まあ八割ぐらいは「評論文」です。評論というのは論理によって貫《つらぬ》かれた文章でしょう。それでは「評論」って、いったい何かといえば、自分の意見を人に伝える手段なんです。
> ところが、ここで大きな問題がある。読み手は不特定多数の誰かなんですよ。いったい誰が読むか分からない。そして、その不特定多数の読み手は言葉も感覚も、全部が違う。だから**自分の意見は、まず「相手には分かってもらえない」**と

いうのが評論の前提なんです。もちろん、「えんぴつを取ってくれ」とか、「おなかがすいた」という程度なら万人共通の言葉で間に合いますが、自分だけの考え、自分だけの感情を伝えるには、結局自分だけの言葉によるしかないわけです。自分だけの思いを自分だけの言葉を使って、不特定多数の誰かれに伝えようとするとき、方法は一つしかない。それが**「論理」**なんですよ。

（同書、45ページ）

ビジネスパーソンが仕事で接するほとんどの文書も、論理を重視する文書のはずだ。論理を読み解くという切り口から見ると、確かに現代文は数学と親和性が高くなる。出口氏は、次のように指摘する。

現代文は数学とまったく一緒なんです。数学は、論理を記号や数字を使って表すもの。それに対して、「論理」を日本語によって表したのが現代文の「評論」です。だからこの二つはいちばん近いんだね。一見、いちばん遠いようで、いちばん仲

> 良しなんですよ。それをみんな、現代文は数学と正反対で、文学だとか、感覚的なものだとか、間違ったイメージでとらえてしまうんだね。現代文は数学と一緒です。
>
> （同書、46ページ）

ただし、言語と数学には異なる部分がある。

数学の場合、2＋3＝5で、3×9＝27である。数字、＋、×、＝などの記号については、すべての人に共通認識がある。

これに対して、人間の言葉には、それぞれよく言えば個性、悪く言えば癖がある。しかし、これらの個性や癖を、読者が「好き、嫌い」という感情で読むと、意味をとらえることができなくなる。出口氏は、英文学、言語学の専門家で作家でもある外山滋比古氏の「個人言語」という概念を用いてこう説明する。

> 現代文は論理を日本語で表さなければならない。つまり、「個人言語」という

ことです。そして、その言葉は揺れ動く。論理そのものは普遍《ふへん》的ですけど、それを表現する言葉が数学における記号と違って、たえず状況に応じて様々な意味に変化します。だから、同じようにきちんと論理的に書いてある文章でも、われわれが自分の個人言語で読んでしまうと、人によって言葉の感覚が違うから、いく通りもの答えになってしまう。

（同書、46〜47ページ）

しかし、言語はコミュニケーションの中で成り立つ。だから、純粋に「個人的言語」というものは存在しない。そこで、この言語が用いられているコンテクスト、すなわち文脈を重視せよと、出口氏は強調する。

例えば、上下運動する球を両端から糸で引っぱってごらん。球は止まるでしょ。同様に**文章の中で言葉は、無数の糸で引っぱられているのです。引っ張られて意味が決まる。その働きが文脈の力というものなんです。**

（同書、43ページ）

◆仕事で読むテキストも、著者の意図どおり読む

この文脈を素直に読むことが重要だ。

> **文脈によって言葉を規定していけば、言葉は固定化されます。**そうすると、言葉は揺れ動かず、数学の記号と同じになってくる。その結果、**現代文は感覚の教科から論理の教科に早変わりする**わけですから、数学と同じように明快に解けます。
>
> （同書、47ページ）

出口氏は、20世紀の哲学界に大きな影響を与えたウィトゲンシュタインの「私的言語（private language）は成立するか」という難問を念頭に置いたうえで、この記述をしている。

言語には個性がある。ただし、ある人がまったく自分の感覚、感情、気分などの内的体験を記述するような私的言語は、他人に理解されないので、言語としての機能を果たさない。それだから、ウィトゲンシュタインは私的言語を否定した。

言語学や哲学の極めて難しい問題を、出口氏は高校生（あるいは国語が得意な中学生）に理解できるように説明している。本当に優れた教師は、天才が難解な論理で説明したことを、普通の人が理解できるように言い換えることができる。

ビジネスパーソンが仕事で読むテキストに関しても、そのテキストが書かれた文脈を理解しながら、著者の意図に即して読むことが基本だ。そのうえで、批判的な検討を加える。感情や勘でテキストを読んではならないのである。

◆「この」が指す事柄を正確に理解する

がっついた若手ビジネスパーソンは、全般的にプライドが高い。そのこと自体はよい面もある。卑屈な精神から、知識を身につけようとする意欲が生まれることはないからだ。

しかし、高すぎるプライドが勉強の妨げになることもある。「現代文のような基礎科目について、知識の欠損が生じているはずなどない」という自意識が、実力を着実につけるための勉強法を体得する障害になる。こういう「プライド病」を打ち砕く力が、出口氏の現代文の勉強法に潜んでいる。

出口氏は、「言葉の限界」についてこう述べる。少し長くなるが、重要な部分なので正確に引用する。

> われわれが普段使っている言葉というのは、所詮すべてが「観念」にすぎません。ところが、**われわれが伝えたい事柄は具体的なものなのです。だから、それ自体が「一般的・固定的」な観念である言葉でもって、「純個別的」な事柄を正確に伝えようとすることは、そもそも不可能なわけ**です。つまり、〝表現する〟というそのことの中に、矛盾《むじゅん》を含んでいるわけですね。それを筆者は**「言葉と事柄との間には距離がある」**という言い方をしています。
>
> 例をあげましょうか。いま一冊、僕が週刊誌を持っていたとする。「ポスト」でも「現代」でもなんでも結構です。そこでもし、「これはなんですか」と聞かれたとすれば、例えば「ああ、それは週刊なんとかですよ」と答えるでしょう。

> 実は、これではなにひとつ答えたことになっていないんです。というのは、いま問題にしているのは、僕が持っているその一冊限りの特定の週刊誌でしょう。単に「週刊ポスト」といったら、過去何十年もずっと発行され続けている「週刊ポスト」全部の総称になってしまうんです。かといって、「何月何日発行の第何十号の『週刊ポスト』だ」と言ってもダメなんだ。それでも、やっぱり何十万部と発行しているその号の雑誌全部の総称でしょう。
> たった一冊限りのこれを示そうと思ったら、「この『週刊ポスト』」と言うしかないんです。**「この」というのはそのもの自体を指さしているんです。指をささなきゃダメだということは、結局、言葉ではものごとを示せないということ。**これが**「言葉の限界」**です。
>
> （同書、64～65ページ）

大学の専門課程で半年くらいかけて勉強する言語哲学のエッセンスを、出口氏は高校生でも十分に理解できる言葉で説明している。「この」が指す事柄が何であるかを正確に理解することが、テキストを読むためのコツなのである。そこで「著者が一度しか言わないことに目を向けろ」と出口氏は強調する。

本当に大事なことは、二度と繰り返しません。逆なんです。本当においしいことは、一回しか言わないよ。
例えば、今、この場で、僕が同じことを何十回も繰り返し言ってごらん。みんなかえって聞かないに違いない。くどいな、また同じことを言ってるって。ましてや、活字に残すとなると、こんな下手な文章はないでしょう。

（同書、50ページ）

筆者は職業作家なので、物を書くことで生計を立てている。その立場からしても出口先生の言っていることは正しい。
本当に言いたいことを何度も繰り返すと、読者に飽きられてしまい、いちばん伝えたい内容が印象に残らなくなってしまう。同時に、伝えたい内容の骨子を1回書いただけでは、読者の印象に残らない。
したがって、反復が不可欠になる。多くの作家は（おそらく無意識のうちに）いちばん伝えたい内容について、自分の言葉で1回だけ述べ、それ以外は、他人の口を借りてその内容を読者に印象づける。だから、引用はとても重要な意味を持つ。

> 僕の読解法の中でもよく指摘する有効な手法が、**「引用」**なんです。引用というのは、人の文を引っぱってくること。文章を読んでいくと、何か哲学者の文章が引っぱってある。難しくて読みにくい。わけが分からなくなって、みんなそこであせるでしょ。ところが、そんなのどうだっていいんです。
> なぜ、その哲学者の文を引っぱったの？　自分と同じ意見の箇所だから引っぱったんですよ。（中略）全部、筆者の言いたいこと**（A）の繰り返し**なんです。
> （同書、52ページ）

◆論理と文脈を押さえて文章を読み解くコツ

また、出口氏は、論理と文脈を押さえれば、公共圏で受け入れられている言語形態で書かれたすべてのテキストを、私の意図に即して読み解くことは可能であるとして、そのコツをまとめている。まず、論理について4つのポイントがある。

◎**文章を〝論理的につかむ〟**

(1)人間は皆先入主を持っているから、客観的に文章を読むということは不可能である。

(2)だから、自分の頭を信用してはいけない。

(3)入試問題の文章は、論理的である限り一つの結論・主張(A)を形を変えて何度も繰り返す構造になっている。同じ主張を反復しているのだから、それらの主張を重ねて解釈しなさい。

(4)この作業によって、先入主がおおい隠していた影の部分が光の部分と重ね合わされ、そこではじめて筆者の主張が正しく把握できることになる。

(同書、62ページ)

さらに文脈について、3つのポイントがある。

◎言葉を〝文脈で固定する〟

(1)言葉というものは所詮、個人言語であって、一人ひとりの感覚や知識の度合いによって様々な使われ方をするし、また状況や場合によっても揺れ動くものである。

(2)だから、筆者の個人言語を読者の個人言語で理解しようとしてはならない。筆者の言語は筆者の言語の中でつかむということ。

(3)それはとりもなおさず、文章の前後関係、つまり文脈から言葉の意味をつかむということである。

（同書、63ページ）

以上、7つのポイントを押さえれば、読者のテキスト読解力が飛躍的に向上する。いままで現代文の学習参考書を社会人が仕事のために用いるという発想を誰も持たなかった。しかし、いまあるカードをいかに有効に用いるかがインテリジェンスの要諦なのである。

【数　学】

◆数学や外国語は頭でなく体で覚える

出口氏が強調するように、読解においては論理の力がものを言う。論理について訓練するには数学の勉強がとても役に立つ。多くのビジネスパーソンもそのことに気づいているようだ。

ビジネスパーソンの読者から筆者に寄せられる質問で多いのは、数学、外国語、哲学（特に論理学）の勉強法だ。いずれもビジネスパーソンが能力を向上させる基本科目である。特に最近は、数学についての質問が多い。次のような相談を数件受けた。

「僕は高校のときに数学嫌いになりました。大学では経済学を専攻したのですが、入試は数学を避け、日本史を選択しました。大学では数学を使う科目はできるだけ避けて単位をとりました。社会人になって金融工学や国際金融の本を読んでも、数式が出てくるとさっぱり意味がわからないのです。経済学部を卒業し、会社でも一応経済に強いと見られているので、『本当は数学がよくわからないんだ』ということを、同僚に相談することもできないんです」

確かに、潜在的なライバルである同僚の前で自分の弱みを見せることはできないのだろう。しかし、数学や外国語など、基礎知識が欠けているのをそのまま放置しておくと、そのうち事故を起こすことになる。高校レベルまでの数学を修得するのに特別の才能はいらない。ただし、数学は典型的な積み重ね課目なので、基礎段階で欠損があると、その先に進むことができない。

最近は、数学が苦手なビジネスパーソンに対する補習を最初から念頭に置いた優れた社会人用教科書がいくつか出ている。時間的な余裕がないビジネスパーソンには、教科書と学習参考書よりも社会人を対象に書き下ろされた「やり直し」のための数学教科書を用いることをすすめる。最近では桜美林大学教授の芳沢光雄氏が著した『**新体系 高校数学の教科書**』（上下、講談社ブルーバックス）など、大人の知的関心を満たす構成の優れた本がいくつか出版されている。

高橋一雄『**もう一度 高校数学**』（日本実業出版社）も実によくできた本である。高橋氏は〈この本1冊で高校数学の基本**（教科書レベル）**がすべて習得できると言っても過言ではありません〉（1ページ、はじめに）と述べているが、これははったりではない。さらに高校の教科書ではあまり詳しく説明していない「論理」にひとつの章を割いている。「命題の逆・裏・対偶」「対偶証明法」「背理法」について、それぞれ項目を設け、丁寧に説明しているので、この教科書をマスターすれば、高校数学の知識だけでなく論理学の基本知識も身につく。したがって、外国人とのディベートにこの技法を応用することができるようになる。

ただし、この教科書を使いこなすためには、ちょっとした工夫が必要になる。

◆体に覚えこませる技術「テクネー」とは？

がっついた若手ビジネスパーソンにはせっかちな人が多い。教科書を読んで理解しようとする。しかし数学や外国語（あるいは古文や漢文）を、教科書や参考書を読むだけで理解することは不可能だ。これらの勉強は、体で覚える技術（ギリシア語でいうテクネー）の要素があるからだ。テクネーについて、立花隆氏は**『東大生はバカになったか 知的亡国論＋現代教養論』**（文春文庫）の中でこう述べている。

> 知識が頭で覚えるものであるのに対し、テクネーは体に覚えこませるものです。知識は講壇講義で教えられますが、テクネーは講義だけでは教えられません。実

習が必要です。実習を繰り返して体に覚えこませることが必要です。体で覚えたことは、頭で覚える知識とは、脳の別の記憶システムを使って、脳の別の場所にしまいこまれます。頭で覚える知識は、陳述記憶といって、内容を言語化することが可能な記憶です。それに対して、体で覚えるテクネーは、非陳述記憶で、そのエッセンス部分は言語化することができません。

（立花隆『東大生はバカになったか 知的亡国論＋現代教養論』文春文庫、300ページ）

数学も外国語も知識の要素がもちろん大きいが、そこに至る段階でテクネーとしてある程度のことを体に覚えこませなくてはならない。

高橋一雄『もう一度 高校数学』は、高校レベルの数学を、社会人が無理することなく体で覚えることができる丁寧な作りの本だ。高橋氏はこの本の目的についてこう記す。

たとえば、**社会人、経済学部等の学生**であれば「**統計**に必要な数学記号・公式の意味、計算の仕方などを知りたい」。また、**理系学部の新入生**であれば「**高校数学全般の基本的知識の確認**、さらには**定理・公式**を導く流れなども深く理解しておきたい！」など、さまざまだと思います。

そこで、今回は「社会人・大学へ進学する方には絶対に知っておいてほしい、できてほしい高校数学の内容」すべてを書かせてもらいました。

【対象読者】

・社会人および経済学部等の学生の方
・ＡＯ入試による理系学部新入生の方
・数学好きの中学・高校生で高校数学全体を知りたい方

（高橋一雄『もう一度 高校数学』日本実業出版社、１ページ）

事実、そのとおりの構成になっている。本書は、本文５１０ページなので、読書のスピードが速い人の場合2〜3日、標準的な人でも1週間〜10日で読み終えることができる。ただ高校レベルの数学を完全に消化している人以外は、ここで身につけなくてはならないのはテクネーなので、ノートとシャーペン（または鉛筆か使い慣れたボールペン、万年筆）を横に置き、例題を解きながら基本事項を体で理解していく必要がある。

標準的なビジネスパーソンがノートをとりながらこの本に取り組むと、3〜6カ月かかると思う。裏返すと、わずかこれだけの期間で高校時代の後れを取り戻すことができる。

一年の学習計画を立てる場合、テクネーにかかわる部分については、十分な時間的余裕を見ることが重要である。テクネーの場合、体得できない知識は意味を持たない。もっともこの本を購入して3〜6カ月も取り組む根気や時間的余裕がないという人には、12章「論理」（461〜480ページ）だけでも、筆記用具を持ちながら読んでほしい。命題の定義、必要条件、十分条件、必要十分条件、命題の逆・裏・対偶、背理法などについて学ぶことができる。たとえば背理法について、高橋氏はこう説明する。


「押してもダメなら引いてみな！」 こんな言葉を聞いた覚えがあると思います。何か演歌の世界のようですが、いわゆる、正攻法では証明が難しいときは、この言葉を思い出し、**背理法**（はいりほう）で攻めてみましょう。

そこで、命題「pならばqである」が真であるとき、当然、**結論部分qを否定**

した命題を真と仮定すれば、必ず**矛盾**が起きますよね⁉
この矛盾を利用して証明するのが〝**背理法**〟なんです。

（同書、472ページ）

この本で、論理学の基礎の基礎を身につけたならば、野矢茂樹『**新版 論理トレーニング**』（産業図書）を読み解くことができる。それにより、論理の力が格段と向上し、ビジネスのうえでも役立つ。

◆偏微分で鳩山元首相の行動様式も理解可能

読者から「『もう一度 高校数学』には偏微分や重積分が扱われていないので、少し複雑な経済学の本や、金融工学の本を読み解くことができません」という質問が寄せられることと思う。大学の数学教科書や経済数学の本をひもといてもよいが、それよりも高専（高等専門学校）の教科書に取り組むのが効率的だと思う。

高専は、5年で高校3年の教育に加え、大学工学部の2年間の過程を習得する。特に数学に関しては、実によい内容になっている。田代嘉宏／難波完爾編『**新編 高専の数学3 第2版・新装版**』（森北出版）の章別構成は下記のとおりである［図表］。

この教科書に沿って勉強すれば、いわゆる文系人間でも自分の力で偏微分を用いた経済専門書を読み解くことができる。なお微分の思想的側面について関心がある読者は、田島一郎『**イプシロン-デルタ**』（共立出版）に目を通すことをおすすめする。そうすると極限という概念が理解でき、微分法の持つ思想的重要性がわかるようになる。

［図表］『新編 高専の数学3 第2版・新装版』の章別構成

1章	微分法
§1	いろいろな関数の導関数
§2	平均値の定理と応用
§3	テイラーの定理
2章	積分法
§4	いろいろな不定積分
§5	定積分とその応用
3章	偏微分と重積分
§6	偏導関数
§7	偏導関数の応用
§8	重積分
4章	微分方程式
§9	1階微分方程式
§10	2階微分方程式
5章	複素数
§11	複素数と複素数平面
6章	確率
§12	確率
§13	確率分布
7章	統計
§14	資料の整理
§15	正規分布
§16	統計的推定・検定

◆従来の政治家と決断の発想が異なる

たとえば、筆者は鳩山由紀夫元首相の行動様式を理解するためには、偏微分の概念を押さえておくことが不可欠と考える。

鳩山氏は「宇宙人」と揶揄されることが多いが、第一級の知識人である。国際的に著名なロシアの数学者アンドレイ・マルコフの研究家でもある。

政治家志望者が肩書きをつけるために外国に留学したり、日本の大学で教鞭をとることは珍しくない。こういう教授に習っても、知的に得るものはほとんどない。

しかし鳩山氏は米国の名門スタンフォード大学で博士号（Ph.D.）をとった正真正銘の学者だ。その後、東京工業大学助手、専修大学経営学部助教授をつとめ、１９８６年に39歳で衆議院議員に当選した。

人間の思考の原型は20歳前後に決まると思う。鳩山氏はこのころ、工学のために必要な数学を勉強していた。そしてさまざまな制約条件の中から最適解を求めるという数学の演習を徹底的に行った。学者時代は、軍事や経営に応用可能な決断の研究をしていたのである。鳩山氏は決断力が欠けるという批判がなされるが、それは間違いだ。従来の政治家の決断と鳩山氏の決断は、その発想が根本的に異なるのである。

政治の世界では「足して2で割る」ということがよく言われる。

たとえば米海兵隊普天間飛行場の移設問題について、自公前政権の合意が辺野古の沿岸、2009年8月の衆院選で当選した議員は全員、沖縄県外か日本国外を移設先にすると主張している。するとこの2つの対立する立場を足して2で割って、辺野古の沖合という「落としどころ」が出てくる。

これに対して鳩山氏は、関数体として物事を考える。オバマ政権の国家戦略、台中関係、米朝国交正常化交渉、沖縄の世論、小沢一郎氏に対する東京地検特捜部の捜査などがこの関数の主要な項となる。この項自体が変化するのである。さまざまな要素の変化を踏まえたうえで、2010年5月に最適解を見い出すというのが、鳩山氏の発想だったのである。政治的現実としては、辺野古崎周辺という足して2で割ったような落としどころになり、鳩山政権は瓦解してしまったが、重要なのはこの過程で示された鳩山氏の数学的発想法だ。

このときに先ほど述べたマルコフの遺産が用いられる。木下栄蔵『**わかりやすい意思決定論入門　基礎からファジィ理論まで**』（近代科学社）の記述が参考になる。

> この概念（引用者注＊マルコフ過程）は、ソ連の数学者マルコフが、プーシキンの詩『オネーギン』のなかにある母音と子音の分布状態を調べている時に、偶然に発見したといわれている。概念を要約すれば、「ある段階における事象が、その直前の事象に左右され、それ以前の事象には左右されないような状況を数学的に表現したもの」ということになろう。つまり、「未来は現在にのみ関係し、過去には関係しない」という場合である。
>
> （木下栄蔵『わかりやすい意思決定論入門 基礎からファジィ理論まで』近代科学社、173〜174ページ）

こういう発想で鳩山氏は現状分析していたと見ている。また鳩山氏は学会誌の論文でこうも述べている。

> 保全の対象となる機器などの系が、保全の意味からいくつかの稼働状態に分けられる場合に、どのような予防的保全処置をほどこすべきかという理論

は、1963年にDermanによってマルコフ保全モデルとして定式化された。Dermanの基本モデルはしばしば引用されており、本質的には取替モデルである。保全を考慮すべきある程度大きな系では、系の取替という保全よりも、点検し、故障部品を取替え、不具合箇所を修理するといった保全活動がより自然と思われる。
(『オペレーションズ・リサーチ：経営の科学』1982年12月号、日本オペレーションズ・リサーチ学会、664〜665ページ)

ここでいう機器を日本国家に置き換えてみると、鳩山内閣が行っていた政策の基本哲学がわかる。日本国家の部品を総取り替えすることはできない。事業仕分けで国家が抱える事業を点検し、故障部品である時代の要請に適応できない官僚を取り換え、不具合箇所を整理するという方法で鳩山政権は構造改革を進めようとしていた。鳩山氏の次の発想は広くビジネスにも応用可能だ。

電気系、機械系を問わず、技術の進歩は系の複雑化、大規模化をうながし、それにともない、系の構成要素の故障や劣化が系全体に与える影響の重要性が認識され、結果として信頼性理論の発展をみた。より良い製品・設備を求めるということであれば、資力に物を言わせ高品質のきわみに挑戦すれば良いわけであるが、企業としてはそうはいかない。そこで、経済性を保ちつつ満足な機能を果たすため、製品のライフサイクルコストの最小化の問題が浮かび上がってくる。保全は、ライフサイクルの中で、製品や設備の点検、整備、修理、取替等の活動を示し、経済性を保ちつつ広義の信頼性を向上させるのに大いに貢献し得る行動である。

（同論文、664ページ）

無理をせず経済性を保ち、信頼性を向上させるための最適解を求める鳩山氏の経営工学は実に興味深い。もっとも理論的に優れていた鳩山氏の決断理論がなぜ政治の実践において機能しなかったかについては別途、真剣に考察しなければならない。鳩山氏はもっぱら微分法を用いて近未来の変化を分析することにだけ関心を持った。しかし、米海兵隊普天間飛行場の移設問題は、過去の歴史的積み重ね、数学で言うならば積分法を用いなくてはならない。積分法を軽視したことが鳩山氏が失敗した原因だと筆者は見ている。

◆かつて書いた論文をロシア語に翻訳するべき

鳩山氏の知的能力の高さをもっと日本の国益を増進するために用いるべきであった。たとえば、マルコフ保全理論に関する鳩山氏の論文をロシア語に訳せばよかった。ロシアでは知識人が尊敬される。鳩山氏のマルコフ連鎖に関する論文を読めば、ロシアのプーチン大統領、メドベージェフ首相も、「鳩山は頭がいい」と畏敬の念を持つ。それと同時に、「日露関係を北方領土、経済協力、政治対話、文化・人的対話という項を持つ関数体として日露関係を発展させる戦略を鳩山氏が持っている」とアピールすれば、その内容がプーチン大統領の腹にストンと落ちる。また鳩山氏がロシア人数学者の理論を応用しているということを広報することで、ロシア世論における対日イメージを改善することができる。

若手ビジネスパーソンが、高校数学とそれを少し超える偏微分や重積分による基礎知識を持つことで、鳩山氏の「宇宙人言語」を解読できるようになる。

繰り返しになるが、数学は頭だけでは理解できない。語学同様に体で覚える技法(テクネー）の性格があるからだ。覚えこむためにはノートとシャーペン（もしくは鉛筆）が必要だ。さらに基礎知識がつくまで速読は意味がない。ロシア語を理解しない人がドストエフスキーの『カラマーゾフの兄弟』の原書を読んでも意味がないのと同じだ。テクネーにかかわる勉強は時間がかかる。必要時間を正確に押さえ、学習計画を立てるのが重要だ。

◆高校教科書レベルの内容を教える社会人向け講座を

ここで提案がある。ビジネスパーソンの教育に熱心な出版社が、大学受験予備校と提携して、社会人用の講座を作ることだ。大学院の社会人コースとは異なり、高校レベルの知識に徹することが重要だ。

数学に関しては偏微分と重積分の基礎は、経済現象を読み解くためにやっておいたほうがいい。経済にあまり関心がない人でも、国際情勢の変化や人間の癖を読み解くためにも微分法の考え方は役立つ。だから数学に関しては、高等専門学校（高専）の教科書をマスターすることを目標にしたほうがいい。

最大でも10人の少人数指導で、教師が受講生の理解度に応じて適宜宿題を出せば、半年から1年で高校レベルの知識に関する不安が解消する。そういう勉強にカネを費やしても、絶対に無駄にならない。

筆者は、数学、英語、古文、漢文、世界史、日本史、政治・経済、倫理・社会、現代社会、生物、地学の高校教科書を購入し、通読してみた。

いずれもよくできた作りで、中学生の学力があれば理解できる記述になっている。ただし、教師が教えることを想定して作られているので、説明を割愛している箇所が多い。しかも15~18歳を対象に書かれているので、社会人が実務に役立てるという視座がほとんどない。記述が退屈なために、忍耐力のないビジネスパーソンは、教科書を読了できないかもしれない。

この退屈さの壁を突破するためには、数学や英語の専門家が高校教科書の内容を社会人向けに書き直す必要がある。出版不況の中で、読者は実用性、功利性を求める。それゆえに、高校レベルの学力に照準を合わせた大人向けの書籍は有望なマーケットだと筆者は思う。

ときどき読者から、「あなたも作家で、大学で教鞭をとっていたこともあるのだから書いたらどうだ」という提案を受けるが、それは筆者の能力を超えるので断っている。知識を習得していることと、それを他者に伝達可能な形で伝えることの間には大きなギャップがあるからだ。

少なくとも、教育現場で教養に関する知識を伝達する経験（官僚をやりながら大学で専門科目の講義をするのは、このような経験には含まれない）のない人によい教科書を書くことはできないと考える。

第Ⅱ部

何を読めばいいか

第6章

小説や漫画の読み方

◆リラックスするための読書は無駄ではない

読者からよく聞かれるのは、「佐藤さんは、娯楽の読書について、ほとんど語りませんが、小説を読むのは時間の無駄と考えているのですか」という質問だ。

筆者は功利主義者なので、無駄な読書はしない。リラックスするための娯楽の読書は、決して無駄ではない。リラックスして働くエネルギーを蓄えることは、仕事のために最も重要なことだからだ。

もっとも、何が娯楽になるかは、人それぞれだ。筆者は競馬やパチンコなどのギャンブルをしない。カルヴァン派のキリスト教会で、子どものころから「賭け事は悪です」と母親や牧師から教えられたことの影響もあるが、それだけがギャンブルに近づかない理由ではない。

外交交渉には、勝負の要素と運がある。外交官でも、交渉を仕事として割り切ることができる人と、そうでなく本格的にのめり込む人がいる。筆者の場合、のめり込むほうだった。それだから、ギャンブルにものめり込んで、収拾がつかなくなるのではないかと恐れ、いまでもいっさい近づかないことにしている。

筆者の場合、基礎教育がキリスト教神学だ。それだから、「神はなぜ人になったか」というテーマ（神学の業界用語では受肉論《じゅにくろん》という）に関する専門書を読んでいると、面白い。外交官時代、こういった神学書を読むことが「頭の体操」になり、リラックスすることができた。

神学に関心がない人に受肉論の本を読めと強制しても苦痛であろう。娯楽に関する読書はそれこそ人それぞれなので、なかなか助言ができないのである。

◆漫画は「動機付け」に使えるが、知識を身につけるものではない

小説や漫画は、娯楽として楽しんで読めばいいというのが筆者の基本スタンスだ。

第3章「速読の技法」で小説を取り上げなかったのも、必要な情報を拾い上げる速

読と、楽しんで読む小説とは、基本的に相容れないものだからだ。娯楽のための読書は、読者がそれぞれ好きに読めばよく、一般的な読書術は適用されない。

ただし、小説や漫画を読むことには、娯楽以外の2つの効用がある。

ひとつは「動機付け」の側面である。たとえば歴史漫画で、池田理代子『**ベルサイユのばら**』（全5冊、集英社文庫）を読んでフランス革命に、横山光輝『**三国志**』（全30冊、潮漫画文庫）を読んで中国史に興味を持ち、歴史を学ぶモチベーションを高めることには意味がある。歴史にかぎらず、石ノ森章太郎『**マンガ日本経済入門**』（全4冊、日経ビジネス人文庫）なども同様である。

ただし、くれぐれも漫画で基礎知識をつけようとしてはいけない。あくまで漫画は「動機付け」にとどめるべきで、そこで描かれている事実を鵜呑みにはしないことだ。漫画で歴史や経済について学ぶという横着な発想を持つべきではない。

前章で歴史小説で歴史知識を身につける危険性を指摘したが、入り口で誤った知識がインプットされると、それを後で修正するのは非常に困難になる。司馬遼太郎の小説を読み、「徳川家康は狡猾」「豊臣秀吉は人たらし」というステレオタイプのイメージが一度頭に植え付けられると、なかなかそこから抜け出せなくなる。

もちろん司馬文学は素晴らしいので、大いに読むべきであろう。ただし、それは娯楽としてとわきまえなければならない。歴史小説は、どこまでが史実でどこからが脚色なのか、かなりの知識がないと判断できない。「日本人は司馬遼太郎で日本史を学んでいる」と言われることもあるが、それは極めて危険な状態である。

優れた小説や漫画は、物語自体が持つ力がある。そのため何十年前に書かれた作品を、前提知識がない状態でも読むことができる。しかし、作品は書かれた時点で完結している。当時の学術的な成果を踏まえて書かれていたとしても、学問や研究は日々進歩している。

それだから漫画はあくまで「動機付け」にとどめ、知識は概説書（新書や学習参考書を含む）や専門書で身につけるようにするべきである。

◆筆者の漫画の読み方

――「社会の縮図」「人間と人間の関係の縮図」として読む

小説や漫画はもうひとつ、「社会の縮図」「人間と人間の関係の縮図」として類比（アナロジー）的に読むという読み方もできる。

とりわけ漫画には、現実にはあり得ないような極端な状況や人物が描かれている。

そうした作品を読むことで、現実の社会や人間を理解する手がかりにすることができるのだ。

作家自身がどこまで意識しているかは別にして、読者に支持される作品には、何かしら時代を映し出す部分がある。漫画を否定し、いっさい手をつけないというのは、漫画で勉強しようとするのと同じくらい間違った考えだ。

以下、具体的な作品を取り上げ、筆者の読み方を簡単に紹介してみよう。

①原作：梶原一騎／作画：川崎のぼる『巨人の星』（全11冊、講談社漫画文庫）

いまの企業の執行役員や中央官庁の幹部クラスは『巨人の星』を読んで育った世代だ。主人公の星飛雄馬は、大リーグボール養成ギブスやうさぎ跳びといった科学性が大いに欠ける根性型のスパルタ教育を受ける。その結果、当然野球はできるがそれ以外のことができない、バランス感覚が欠落した人間に育ってしまう。星飛雄馬は競争に勝つことしか考えず、他人とうまくコミュニケーションがとれない。親友であるはずの伴宙太との関係も、父親が少々介入したぐらいのことで簡単に破綻してしまう。

さらに自分以外の価値観を認めず、その基準を他人に押し付ける。頼まれもしないのに姉や友人の恋愛に介入し、問題をよりややこしくさせる。「主観的には」いいことをやっていると思い、正義の実現に走っていても、「客観的には」周囲の人間関係を破綻させ、複雑な問題をより複雑にし、最後は自分自身も破滅してしまうのだ。

こうした星飛雄馬型の人間は、実は現代のビジネスパーソンの中にも少なからずいる。自分自身の価値基準を絶対視し、常に熱く燃え、独り善がりの正義を追求している。その人が入ることで組織のバランスが崩れてまわりは迷惑しているにもかかわらず、本人は正しいことをしていると思っているので、絶対に信念を曲げない。

星飛雄馬型のビジネスパーソンは、若手のうちはいいが、中堅以上になって部下を持つようになると、組織を大いに混乱させる。

若手ビジネスパーソンは、上司が子どものころに好きだった漫画をさりげなく聞き出してみよう。『巨人の星』の名前が出てきたら注意したほうがいい。

②水木しげる『ゲゲゲの鬼太郎』（全7冊、ちくま文庫）

ビジネスパーソンがいまこの漫画を読むなら、「ねずみ男」に注目して読んでみることをすすめる。

この漫画においてねずみ男は、基本的にエゴイスティックな存在として描かれている。自分の個別利害しか考えず、強欲である。「世のため、人のため」という大義名分や、星飛雄馬が持っているような絶対的正義に対する関心もない。あくまで自分の「利益追求」が第一にある。

しかしながら、鬼太郎や目玉おやじの「存在否定」はしていない。友情や人情もそこそこ大切にし、それなりにコミュニケーションを尊重するので、周囲との関係は決して破綻することはない。よって共同体からつまはじきにされることはない。極端な言い方をすれば、星飛雄馬がウサマ・ビンラディンとすると、ねずみ男は関係性を非常に重視する新約聖書に書かれたイエスを彷彿させる。

エゴイスティックで自分の欲望を追求するが、他者とのコミュニケーションも大切にし周囲ともうまく協調していく。高度経済成長以後の21世紀型の生き方として、ビジネスパーソンがねずみ男から学ぶべき点は多い。

③臼井儀人『クレヨンしんちゃん』（全50冊、双葉社）

しんちゃんが通うあくしょん幼稚園は「社会の縮図」、家庭や幼稚園での人間関係は「人間と人間の関係の縮図」として読むことができる。

あくしょん幼稚園の先生は競争心に燃え、その道具として園児たちを事あるごとに利用する。しんちゃんの友達のネネのお母さんは、ぬいぐるみをよく殴り、それを見たネネは「いつものお母さんじゃない」と泣く。ここから典型的なドメスティック・バイオレンスの母親と、それに傷つく子どもの姿が見て取れる。外面はよく、表面的には仲良しだが、実際には相当陰険なところがあるというのは、お受験ママの家庭の相似形とも言える。

しんちゃんは朝、頻繁に寝坊したり、「うんち」と言ってトイレに籠もるなどして、しばしば幼稚園のお迎えのバスに乗れない。それは幼稚園でのストレスに加えて、母親の吸引力があまりに強いからだと筆者は考える。母親のみさえにとって、しんちゃんは自分の延長であり、彼を自分の思い通りに育てようとしている。ユング心理学で言うところの「グレートマザー」だ。しんちゃんにとって本当の友達は犬のシロだけではないだろうか。

作品のエロ的な部分は読者へのサービスだと思うが、それ以外の自然な描写の部分にこそ、幼稚園や家庭、人間関係の息苦しさがにじみ出ている。

④ほしよりこ『きょうの猫村さん』（1～5巻、マガジンハウス）

家政婦というのは家庭の中の「観察者」であると同時に、家族の「一員」でもあるという意味で「中間的な存在」である。外から家族を見ているとともに、プレーヤーとして家族に入り込むこともある。その点で、家政婦の物語は、その時代の家族の姿をよく描き出す。

ただし、この作品の家政婦は猫である。近代小説は一般的に誰かに感情移入ができる「叙情詩」として書かれるが、この場合は登場人物が猫であるがため、共感に限界がある。つまり誰にも共感できないように「叙景詩」として家族を描写しているところに著者のうまさがある。

今後日本においても社会が二極化され、上層階級において家政婦のニーズはより高まるであろう。本書は異色のヒット作となり、ドラマ『ハケンの品格』や『家政婦のミタ』なども人気を博している。これらの作品によって、派遣業や家政婦という仕事が世間に広く認知されるという側面と、逆に認知されつつあるからこそ、こういう作品が生まれるという両方の側面がある。家政婦の物語が支持されるというのは、現代の社会構造とも関係していると思う。

漫画は基本的には娯楽として楽しんで読めばいい。筆者も空き時間に気晴らしに読むこともある。ただ、作品によっては勉強の動機付けにできたり、類比（アナロジー）的に読むことで社会や人間を理解する手がかりにもできるということだ。

ビジネスパーソンにとっては、楽しんで読みながらも仕事に使える部分もあるということである。社会人になると、仕事をまったく切り離した生活はできない。

◆小説は「代理経験」としても読める

極端な状況や人物が描かれているという点では、小説も同じである。小説も「社会の縮図」「人間と人間の関係の縮図」として類比的に読むことで、社会や人間理解の幅と奥行きを広げることができる。

それに加えて、小説には「代理経験」の側面もある。人間が個人的に経験できることは限られている。そのため、優れた小説で代理経験を積んでいくことは人生を確実に豊かにする。たとえば企業犯罪に手を染めることはできないが、企業犯罪を扱った小説を読むことで、企業犯罪を行う人間の心理や誘惑を知ることができる。

官僚や弁護士、公認会計士などのエリートに、ときどき他人の気持ちになって考えることが苦手な人がいる。本当のエリートには、単に学力が秀でているだけでなく、社会（株式会社も社会の一形態である）や国家を指導していく識見と人格が求められる。そのための基本が「他人の気持ちになって考えることができる」ということだ。

もっとも、エリートは他人の気持ちを理解しても、その気持ちを踏みにじるような決断をしなくてはならない事態に直面することもある。その場合も一部の人々を犠牲にする決断を下すことが、社会や国家全体のために必要であるということを、エリートは論理的に説明できなくてはならない。それとともに犠牲になる人々の痛みを感じ取る能力も必要とされる。

論理的能力は、社会科学や哲学によってつけることができる。これに対して、犠牲にされる人々の痛みを感じ取る能力は、具体的な人生体験だけでなく小説を読み、他者の心理を代理経験することによって育まれるのである。

つまり、社会や人間を理解するには2つの道があるということだ。ひとつは「学術」的な道であり、これは社会科学や人文科学によって獲得する。それに対して、「心情」を通じた道もある。これは小説を読むことによって獲得することができる。

学術的な知識を積み重ねるとともに、小説を読むことで、体系知（ドイツ語でいうWissenschaft、日本語では科学と訳されるのが通例）が身につくのである。

◆娯楽書から実用的な内容をくみ取るには

上記とは別の側面として、楽しんで小説を読みながら、そこから実用的な内容をくみ取ることもできる。

筆者が実際に読んだ本をいくつか取り上げよう。まずはイスマイル・カダレ『**死者の軍隊の将軍**』（松籟社）だ。

カダレは、アルバニアの作家である。日本でも何冊か翻訳書が出ているが、それほど有名ではない。しかし、ノーベル文学賞候補に挙がっている国際的に著名な作家だ。

ちなみに訳者の井浦伊知郎氏はこの本をアルバニア語から翻訳している。筆者は、数年前にこの小説をロシア語と英語で読んだことがあるが、井浦氏の翻訳は見事でわかりやすい。文学書の翻訳は、政治や経済の文献と比較すると圧倒的に難しい。アルバニア語のような、バルカンの小国の言語をマスターしている知識人がいることは日本の誇りと思う。

第2次世界大戦中に戦死した将兵の遺骨を収集するためにアルバニアを訪れた某国の将軍と司祭が、謎の民族であるアルバニア人について語るという形式で物語が進められる。

『死者の軍隊の将軍』の初版は1963年にアルバニアで刊行されたが、61年にソ連とアルバニアは国交を断絶していた。アルバニアはスターリン批判に反発したために、ソ連との関係が決定的に悪化したのである。そして中国に接近し、エンヴェル・ホジャ労働党第1書記の独裁下で、アルバニアは鎖国に近い体制をとった。その状況でも、西側の人々に感銘を与える優れた小説（フランツ・カフカの作品と比較されることが多い）をカダレはいくつも発表した。

北朝鮮情勢を理解するためにも、この小説は役に立つ。たとえば新聞に関する記述だ。

> 村の中心に近いところにある小屋では、新聞が売られていた。人々が、小さな窓口に群がっている。立ち止まって読んでいる者もいれば、歩きながら新聞をめくっている者もいた。
> 「アルバニア人というのは、よく新聞を読む民族だな」将軍が言った。
> 司祭が彼のところに近づいてきた。
> 「そうなるのは、彼らが政治に強い関心を持っているからですよ。ソヴィエト連邦との対立後、彼らはヨーロッパの中で完全に孤立してしまいましたから」

「相変わらずだな」

「今や彼らは封鎖状態です」

「こんなちっぽけな、貧しい国が封鎖状態とは……驚きだよ！」

「これに立ち向かうのは全く容易なことではありません」

「何という民族だ！」将軍は言った。「だが、ひょっとするとこんな民族というのは、傷の痛みよりも美しいものにずっと弱いのではないかな」

司祭が笑った。

「何がおかしいんだね？」

司祭はまた笑っただけで、何も答えなかった。

（イスマイル・カダレ『死者の軍隊の将軍』松籟社、48～49ページ）


もちろん、ホジャ体制下のアルバニアの新聞に書かれている内容はすべて、厳しい検閲を受けている。しかし、人間には考える力がある。独裁権力であっても、国民を「洗脳」することはできない。

また、アルバニアの知識人が「わが国は貧しい」「わが国は孤立している。封鎖状態だ」

と発言すると、政権批判になり、逮捕や投獄の危険がある。そこでカダレは知恵を働かせて、旧敵国（国名は一度も明示されないが、コンテクストからしてイタリア）からやってきた将軍という、外部の者にアルバニアの現状に対する認識を述べさせるのである。

独裁者のホジャ第1書記は、カダレと同郷で、個人的にも親しかったので、「お目こぼしをした」という要因もあるだろうが、カダレのような優れた知性を活用するほうが共産党体制にとって有益と考えたのであろう。

アルバニアの状況から、北朝鮮社会について、類比的に考えることが重要だ。北朝鮮の人々が体制によって「洗脳」されていると見る人は、自由を欲する人間の本質を理解していないシニシズムだ。日本が北朝鮮との間で対話を回復し、あの体制の中にも必ずある、優れた知性と接触する可能性を探るのだ。その作業が拉致問題の解決に向けた環境を整備するのである。

◆村上春樹『1Q84』をどう読むか

読者から、「ベストセラー小説、たとえば村上春樹さんの『1Q84』（全6巻、新潮文庫）を読んだほうがいいでしょうか」という質問も受ける。

筆者は、「ぜひ読んでください」と答えている。なぜならば、ベストセラーはどんな作品であっても、その時代の雰囲気をつかんでいる。『1Q84』は文句なしに面白く、『BOOK1～3』を合わせると、すでに300万部以上刊行されている。だから、このテキストは活字を読む人々の共通の土俵を作っている。この土俵に乗ることで、さまざまな人との新しい知的出会いの機会が増え、この本を読む前と後では、世の中が違って見えてくる。たとえば、普天間問題を理解するためにも、とても参考になる。

別に奇をてらった答えをしているつもりはない。筆者は『1Q84』を、エンターテインメント小説として面白く、同時に考えるヒントも与えてくれる優れた実用書と受け止めている。複数の読み方ができるというのが優れた文学作品の特徴だ。それに村上春樹氏は、時代とともに歩いていくことのできる数少ない作家である。

小説でも、哲学書や思想書でも、まずテキストを素直に読んだほうが、読書を楽しむことができるし、そこから有益な内容を引き出すことができる。まず美貌のアサシン（暗殺者）・青豆雅美と小説家志望の予備校数学教師・川奈天吾の恋愛小説として、素直に楽しく読めばいいいと思う。

『1Q84』の書評はたくさん出ているが、ここで描かれている1Q84年をパラレル・ワールド（現実の世界と並行して存在すると想定される別の世界）という前提で書かれた批評が多い。

この読み方に筆者は違和感を覚える。なぜなら、この作品の中で、1Q84年の秘密を解き明かすカルト集団「さきがけ」の教祖（深田保）は、1Q84年がパラレルワールドでないと明確に否定し、こう述べているからだ。

「（前略）ここはパラレル・ワールドなんかじゃない。あちらに1984年があって、こちらに枝分かれした1Q84年があり、それらが並列的に進行しているというようなことじゃないんだ。1984年はもうどこにも存在しない。君にとっても、わたしにとっても、今となっては時間といえばこの1Q84年のほかには存在しない」

（村上春樹『1Q84 BOOK2〈7月-9月〉後編』新潮文庫、10ページ）

筆者は1Q84年の世界をパラレル・ワールドではなく、現実に存在する世界と考え、この小説を読んだ。

◆抑止力論という「月」、沖縄差別という「月」

青豆、天吾、深田らには月が2つ見える。これは1984年の世界には月はひとつしかないのに、1Q84年の世界には月が2つあるということではない。実際に月がいくつあるかは、誰も知らない（神がいると仮定するならば、神だけが知る）のである。

日中、太陽が出ていると星は見えない。しかし、それは星がなくなってしまったということではない。星は昼も夜も輝いている。それがわれわれには見えないだけである。月ももしかしたら2つ、あるいは3つあるにもかかわらず、それが普通の人には見えていないだけなのかもしれない。

『BOOK3』では、『BOOK1、2』で脇役であった牛河利治が、謎解きを行う重要人物になる。

青豆は、カルト集団の教祖を殺した。痕跡を残していない完全犯罪のはずだ。元弁護士（裏世界との関係に深入りし、弁護士資格を剥奪された）の牛河は、カルト教団に依頼され、無駄のない合理的な推理と緻密な実証的調査によって、青豆が犯人であることを突き止めていく。それと同時に、青豆と天吾が特別な関係にあって、お互いに目に見えない力によって引き寄せられていることに気づく。牛河にも、ある時点から月が2

つ見えるようになる。

やがて牛河は息を呑《の》んだ。そのまましばらく呼吸することさえ忘れてしまった。雲が切れたとき、そのいつもの月から少し離れたところに、もうひとつの月が浮かんでいることに気づいたからだ。それは昔ながらの月よりはずっと小さく、苔《こけ》が生えたような緑色で、かたちはいびつだった。でも間違いなく月だ。そんな大きな星はどこにも存在しない。人工衛星でもない。それはひとつの場所にじっと留まっている。

牛河はいったん目を閉じ、数秒間を置いて再び目を開けた。何かの錯覚に違いない。そんなものがそこにあるわけがないのだ。しかし何度目を閉じてまた目を開いても、新しい小振りな月はやはりそこに浮かんでいた。雲がやってくるとその背後に隠されたが、通り過ぎるとまた同じ場所に現れた。

これが天吾の眺めていたものなのだ、と牛河は思った。

（村上春樹『1Q84 BOOK3〈10月-12月〉後編』新潮文庫、129ページ）

多数派にはひとつしか見えない月が、少数派には2つ見える。こういう現象は現実に存在する。たとえば、沖縄の米海兵隊普天間飛行場の移設問題だ。

圧倒的大多数の政治エリート（国会議員・官僚）とマスコミ関係者は、抑止力の観点から、普天間飛行場を沖縄県内に移設することが不可欠と考える。だから「最低でも（沖縄）県外」と、できもしない公約を選挙目当てに行い、政権交代後も方針転換しなかった鳩山由紀夫元首相はケシカランということになる。抑止力論がいわば「第1の月」だ。沖縄の人々を含め、この「第1の月」はすべての人に見えている。

これに対して、沖縄の人々には抑止力論に加え「第2の月」が見える。日本の陸地面積の0・6％を占めるにすぎない沖縄に在日米軍基地の74％が存在するという不平等を是正しようとしない政治エリートに、沖縄に対する意図的もしくは無意識の差別があるのではないかという「第2の月」だ。

エリート官僚には、沖縄差別というこの「第2の月」がまったく見えない。

鳩山氏には、抑止力論という「第1の月」とともに沖縄差別という「第2の月」も見えていたが、政治エリートの圧倒的大多数が「月はひとつしかない」と言い張るので、身動きがとれなくなっていたのだと筆者は見ている。このように『1Q84』から類比（アナロジー）の手法を用いて政治を読むこともできる。

◆ビジネスの人脈構築に『存在の耐えられない軽さ』の方法を応用する

普段は本を読まない大学生や若手ビジネスパーソンから「小説を読んでみたいのですが、何が面白いですか」と質問を受けることも多い。

その場合は、筆者は何度も読み直した小説の中から、「この人と相性がよさそうだな」と思う作品をすすめることにしている。最もすすめることが多いのが、ミラン・クンデラ『**存在の耐えられない軽さ**』(河出書房新社)だ。

クンデラは、1929年、旧チェコスロバキア共和国のブルノで生まれる。父親は、チェコの作曲家ヤナーチェクの高弟で、ブルノのヤナーチェク音楽大学の学長をつとめた。ちなみに『1Q84 BOOK1』の冒頭、主人公の青豆雅美が乗ったタクシーの中でヤナーチェクのシンフォネッタが流れている情景が描かれているので、日本でもヤナーチェクの名がかなり知られるようになった。1968年8月、ソ連軍などの侵攻によって、チェコスロバキアの民主化運動「プラハの春」が弾圧され、この運動に関与したクンデラの作品はすべて禁書にされた。彼は1975年にフランスに亡命し、パリを拠点に作家活動を続けている。

『存在の耐えられない軽さ』は、「プラハの春」を背景にしているが、政治小説ではなく、恋愛小説だ。医師のトマーシュと元ウェイトレスで、その後フォトジャーナリストとなったテレザの関係を中心に物語が進む。トマーシュの最初の結婚は破綻した。

> 十年まえ、最初の妻と離婚したとき、さながら他の者たちが結婚を祝うように、彼はその離婚を浮き浮きとした気分で体験した。
>
> （ミラン・クンデラ『存在の耐えられない軽さ』河出書房新社、14ページ）

この箇所を読むと、離婚経験を持つ人（筆者を含む）は、「確かに、あの重苦しい離婚交渉がまとまったときの安堵感は、経験者にしかわからない」と思うはずだ。

トマーシュは、女友達は何人か持つが、結婚は絶対にしないと決意する。そして、恋人と一定の距離を保つための規則を作る。

◆ビジネスにも有効な恋愛「3の規則」

彼は特定の愛人のだれとも、きわめて長い間隔を置いてしか会わない。彼はその方式を完璧なものだと見なし、友人たちにこう自画自賛している。「3の規則を守らねばならないんだよ。同じ女と短い間隔で会ってもいい。ただし、その場合には三度以上は絶対にだめだ。また、長期間にわたってその女と何度付き合ってもかまわない。だが、それにはひとつ条件がある。それぞれのデートのあいだに、少なくとも三週間の空白を置くということだ」

（同書、17ページ）

ビジネスパーソンの人脈構築に、この方法を逆説的に用いることができる。

相手に自分を強く印象づけるために、短い期間（筆者の経験では1カ月以内）に3回会うのだ。そうすれば、相手の記憶にこちらの顔が残る。また、重要な人脈を維持するためには、相手と3週間以上の空白をあけてはいけない。クンデラが述べている「3の規則」は、恋愛だけでなくビジネスにも応用可能だ。

さて、トマーシュとテレザは、ソ連の軍事介入後、スイスに脱出するが、外国生活ではトマーシュの足手まといになると考えたテレザがまずチェコスロバキアに帰国する。そして、テレザを追いかけトマーシュも帰国する。

プレイボーイのトマーシュには、何人か愛人がいる。そのうちの一人が画家のサビナだ。サビナは、ソ連軍の介入よりも少し前に、絵画展があるのでスイスに出国した。ソ連軍の介入後、そのまま西側にとどまることにした。サビナはそこでリベラルな大学教授フランツと知り合い、恋人になる。フランツは妻帯者だ。

サビナとフランツは、同じ言葉を用いていても、それが意味する内容がまったく異なる。クンデラはそれを「理解されなかった言葉の小語彙集」にまとめる。たとえば、「墓地」についてだ。

◆大国に囲まれているからチェコ人は墓にこだわる

> ボヘミア（引用者注＊チェコの西半分）の墓地は庭園に似ている。墓石は芝生と鮮やかな色の花に覆われている。控えめな記念碑が葉叢の緑に隠されている。夕方

になると、墓地は灯されたちいさな蠟燭でいっぱいになり、まるで死者たちが子供らしい舞踏会を開いているようだ。そう、子供らしい舞踏会。なぜなら、死者たちは子供のように無垢だから。人生がどれほど残酷だろうと、墓地はいつでも平和に支配されていた。戦争中でさえ、ヒトラーのもと、スターリンのもと、あらゆる占領のもとにあってさえも。悲しみを感じると、彼女は車でプラハから遠く離れたところに行き、好きな墓地のひとつを散歩したものだった。青みがかった丘を背景に、その田舎の墓地は揺り籠のように美しかった。

フランツにとって墓地は、骸骨と砕石の汚らわしいゴミ捨て場でしかない。

（同書、121ページ）

なぜチェコ人は墓地にこだわるのだろうか。

それはチェコ人がドイツ、ロシア、ポーランドなどの大国に囲まれているからだ（チェコ人にとっては、ポーランド人も大民族である）。このような大国、大民族に囲まれ、チェコ人は常に同化の危険にさらされている。また、大国がチェコ人の利益に反することを決定してもそれを覆す力がないので、大国の横暴に対してひたすら受け身の態度をとらざるを得ない。しかし、墓地を大切にすることによって、自らの祖先と対話し、受け身にならざるを得ない状況でも、チェコ人としての名誉と尊厳を守るために譲ってはいけない線を、死者たちとの間で確認し直すのである。

沖縄の人々も、墓参りを重視する。普天間問題に関して東京の政治エリート（国会議員・官僚）の力で押し切ろうとすることに対し、沖縄がどう受け止めているかを感じ取るためにも、『存在の耐えられない軽さ』は役に立つ小説なのだ。

第III部

本はいつ、どこで読むか

第7章

時間を圧縮する技法

——時間帯と場所を使い分ける

◆筆者自身の平均的な一日
――執筆は昼までの7時間半に圧縮

本を「どう」読むのか、「何を」読むのかについてこれまで説明してきた。最後に、「いつ」「どこで」読むのかについて、筆者自身の日常と技法を紹介しながら記したい。

ただし、筆者は文筆が商売の職業作家であるうえに、睡眠時間がもともと短く、視覚による記憶に適性があるという平均からのズレがある。よって、これから記す読書のスタイルは、あくまで参考として見てほしい（特に睡眠時間を削るような無理は絶対にしないでほしい）。

まず、平日や土日を問わず、講演や勉強会のない標準的な一日の日程を記す。

5時　起床
5時〜5時半　入浴、朝食
5時半〜13時　原稿執筆
13時〜13時半　昼食
13時半〜19時　読書、原稿執筆（途中、約1時間散歩）
19時〜21時　食事と休憩
21時〜24時　原稿執筆、ノート作り、語学学習
24時〜26時　読書

筆者の場合、能動的な知性が最もよく働くのが朝だ。それだから原稿は朝5時半ごろから集中的に書くようにしている。

処理する原稿は、400字詰め原稿用紙換算で15〜50枚程度だ。平均すると30枚くらいである。月産枚数が1000枚を超える生活が、ここ3年間ほど続いている。

表現活動としては、この7時間半に時間を徹底的に圧縮している。作家活動を始めた当初は、30枚の原稿を書き上げるのに、午前も午後も机に向かって、1週間くらいかかっていたので、結果から見ると時間を10分の1くらいに圧縮していることになる。

「早起きは三文の得」と言うが、執筆活動、特に思想系や政治情勢分析であっても、深く掘り下げる必要があるものについては、午前中に書くことにしている。

逆に夜は、極力、執筆活動は行わない。このことを筆者は、ドイツの神学者ディートリヒ・ボンヘッファーの著作から学んだ。ボンヘッファーは、「夜は悪魔の支配する時間なので、夜中に原稿を書いてはいけない。夜中に原稿を書くことを余儀なくされた場合、翌日太陽の光の下でもう一度その原稿を読み直してみること」と述べているが、確かにそのとおりだと思う。

総合誌や論壇誌でも、夜書いた文章はよくわかる。感情が過剰になって、論理の崩れが多くなるからだ。

外交官時代にも、激しい意見を公電（外務省が公務で用いる電報）で送るのを趣味にする同僚がいたが、こういう人は例外なく夜、それもかなりの確率でアルコールを飲みながら公電を起案していた。

◆能率が落ちてきたら仮眠をとるか、外国語か数学の練習問題を解く

13時から30分間食事をとる。筆者の趣味は、本を読むことと食べることと、飼い猫

と遊ぶことくらいだ。外食は気分転換になるので、仕事の効率を上げるためにはとてもよいが、体重がこれ以上増えてはいけないので、できるだけ家内に作ってもらうことにしている。外交官時代は、毎食外食で、時に朝食、昼食2回、夕食2回などということもあったので、あのころと比べれば、健康的な生活をしていると思う。それから、1日1回（雨の日を除く）は午後に1時間、散歩で約4キロメートル歩くことにしている。

主に仕事をする場所は3カ所である。自宅から徒歩2分のところにマンションを借りていて、ここが中心的な仕事場だ。

自宅にも、仕事部屋がある。10平方メートルくらいの部屋に机を2卓入れ、コピー機とファックス機を置いている。本棚を6つ入れているが、収納できる本は1000冊弱だ。ここには、いま追われている仕事に必要な資料が持ち込まれる。

ちなみにこの仕事部屋には、簡易ベッドが置いてある。疲れてきて仕事の能率が落ち始めたと思うと、すぐにベッドに横たわることにしている。短くて15分、長いときでも40分くらい横になっていると調子が戻ってくる。

200～300枚の原稿を書き上げるときは、寝室に行かず、この仕事部屋で1週間くらい寝泊まりすることもある。筆者が原稿を書く場合、まず冒頭を書き、その後末尾をどうするか徹底的に考える。そして末尾の文章が思い浮かぶと、途中の文章はすでに頭の中で出来上がっているので、それをキーボードにたたいて活字にするのが主な作業になる。仕事部屋から寝室に移るというちょっとした環境の変化によって、頭の中にできているテキストが壊れてしまうので、この作業が終わるまでは極力環境を変えないようにする。

特に困ってしまうのは、思想系の大きな作業を仕事場のマンションでしているときに、頭の中にテキストが思い浮かんでしまったときだ。それを吐き出すまでの数日間は、仕事場から移動できなくなってしまう。仕事場は２ＬＤＫなのでキッチンや風呂も整い、ベッドも置いてあるので、泊まり込むことになる。家内は筆者のこの奇妙な性癖に慣れているので、原稿に集中しているときは、家からときどき食事を運んでくれる。そのような特殊事情がないときは、必ず家に帰り、仕事場に通勤するようにつとめている。

「出社」時間は、だいたい8時〜9時の間だ。早朝から書き始めた原稿が一区切りついたところで家を出る。仕事場に着くとコーヒーを入れて、気分転換をする。そして午後1時をメドに集中して原稿を書く。原稿に行き詰まったときは、思い切ってその原稿を書く作業を中断する。そして、外国語か数学の練習問題を解くようにする。これらの問題を解くことで、脳の活性化が促進され、再び原稿が進むようになる。

◆読書時間は平均6時間。どんなに忙しくても最低4時間は読書する

筆者は1日2回、まとまった読書の時間を設けている。13時半〜19時の間の数時間と、24時〜26時だ。合計すると1日約6時間だが、どんなに忙しくても4時間を下回ることはない。少なくとも4時間というのは、自分の中で絶対に守らなければいけない読書のための時間だと考えている。

このときには、現在仕事で必要な本は極力読まないようにしている。

本を読んでから、その情報が頭の中で整理されて、きちんと引き出せるようになるためには、一定の時間が必要になる。これには個人差があるが、筆者の場合、だいたい3カ月から6カ月すると、新しい知識が「発酵」して頭に定着し、自分で運用できるようになる。

実際に読んだ本と時間帯を紹介しながら、筆者がどのような思惑を持っているかについて説明する。まず午後の前半の時間には、次のような本を読んだ。

・東京大学社会科学研究所編『**ファシズム期の国家と社会3 ナチス経済とニューディール**』(東京大学出版会)

・大内力『**国家独占資本主義**』（東京大学出版会）
・『**務台理作著作集 第6巻 社会と実存**』（こぶし書房）
・マーク・テイラー『**さまよう ポストモダンの非／神学**』（岩波書店）
・増山元三郎『**デタラメの世界**』（岩波新書）
・Karl Marx『**Der achtzehnte Brumaire des Louis Bonaparte**』Reclam, Leipzig, 1982（カール・マルクス『**ルイ・ボナパルトのブリュメール18日**』レクラム、ライプチヒ）

これは、新自由主義的にアトム（原子）化してしまった日本人を再び結束させるためにはどうすればよいか、ということについて考えるための基本資料だ。

民主党政権は、社会的平等を志向している。日本郵政や日本航空などの民間会社に対し、国家が干渉を強めている。現実を直視すると、確かにその必要がある。国家が企業活動に直接関与するという手法は、ファシズムと親和的である。日本で新たなファシズムが生まれつつあるのではないかという作業仮説の下で、筆者は民主党政権による政策転換を眺めている。ここでファシズムという言葉を筆者は価値中立的に用いている。平たく言えば、「ファシズムは悪い」という先入観にとらわれずに、ファシズムの特徴、その内在的論理をつかもうとしている。

ファシズムにとって、重要なのが「全体の代表」という表象だ。

この点について、代表を選出する集団と、代表される者の間に、客観的利害の一致がない場合について分析した古典的著作が『ルイ・ボナパルトのブリュメール18日』だ。だから、この本を読み直すことに意味がある。

さらにここに挙げたレクラム文庫は東ドイツ版だ。東ドイツは、「全体の代表」を標榜した国家で、マルクス・レーニン主義や科学的共産主義を掲げていたが、現実は国家による動員と秘密警察によって国民を支配するファシズムに親和的な国家だった。だから、東ドイツ版レクラムの注を詳しく読んで、当時の東ドイツの政治エリートがマルクスをファッショ的に解釈した経緯について学ぼうと思っている。

ファシズムは、結局、国民に排外主義という病理をもたらす。それを避けるための処方箋を提示することが、現下の日本の論壇市場での需要を満たすことになるが、それより重要なのは、後期イタリア・ファシズムやドイツのナチズムのようなおかしな思想が、無意識に諸政党の政策に忍び込んでくることを避けたいと筆者が考えているからだ。

それ以外に、次のような本も読んでいる。

・河野与一著／原二郎編『**新編 学問の曲り角**』（岩波文庫）
・山下正男『**論理学史**』（岩波全書）
・吉田謙二監修『**現代哲学の真理論 ポスト形而上学時代の真理問題**』（世界思想社）
・三瀬茂利『**高校数学から大学受験まで必携の 解法のパターン数学公式集**』（研文書院）
・藤本佳久『**例題と演習で学ぶ 文系のための数学入門**』（学術図書出版社）

これらは、大学生、大学院生から30代前半のビジネスパーソンまでを対象に教養をつけるための勉強の仕方について、どこかで実地講座（というよりはゼミ）をしたいと考えているので、そのために必要とされる資料だ。

現在の大学教養レベル（文系）と筆者が高校生のときに使った公式集を比べると、当時の高校レベルの数学の内容で、現在の文系教養の数学は十分カバーされていることがわかる。それから、『現代哲学の真理論』は、同志社大学の論理学の教科書に指定されているということだが、このレベルの論理学の知識では、ヨーロッパやロシアの大学に留学した場合に、授業についていくことがかなり難しい。そうなると論理学の歴史について、もう少し詳しく知識をつける方策を考えなくてはならない。

そして、いくら筆者に伝達したい知識があっても、その内容を受け手が理解できなくては意味がない。難しい事柄について、水準を落とさずに、わかりやすく話すことができる哲学者の技法を「盗む」ことが必要だ。だから、河野与一をはじめ、優れた哲学者の読本に目を通すことにしている。

◆頭の中で浮かんでいるテーマは100近く

このように、いくつかのテーマごとの読書を筆者はしている。頭の中で浮かんでいるテーマはそれこそ100近くあるが、人生の持ち時間があと20年程度とすると、その半分も処理することができないであろう。仕事だけでなく読書についても優先順位をつけることが必要とされる。

これらの読書は、基本的に机に向かって行っている。椅子に座り、隣にはノートを開けておく。横になってリラックスした姿勢で読むのは、エッセイや小説など、線を引く必要があまりないものだけにとどめる。音楽やラジオを流したままの読書は絶対にしない。

読書の流れを重視するため、長い書き込みや、ノートをとることはしないが、気になることがあればノートにメモする。そして、判断を示すために鉛筆やシャーペンで線を引いたり、付箋で印をつける。理解できない箇所が出てきたら音読する。

1日に6時間集中して読書をすれば、「耳学問」で得る1週間分の情報が得られる。

◆筆者の深夜の読書法と読んでいる本とは？

原稿によほど追われているとき以外は、日付が変わったところで、原稿執筆やノート作りの作業はやめて読書に切り替えている。これが一日の後半の読書時間だ。

このときの読書は、気力の度合いで、変化させることにしている。

極端に疲れていると熟読はできないので、夜中に新しい基本書を熟読することはあまりない。夜中に読むのは、何度でも読み返す基本書や過去に読んだ本など、記憶に定着させたいものが多い。新しく読む本なら、すでに通暁しているテーマのものを選ぶようにしている。

外国語でも、朝鮮語や中世ラテン語だと、かなり辞書を引かないと読み進めることができない。これは夜中の疲れているときには不向きだ。だからこの時間帯に読む本は、日本語か辞書を引かないでよいロシア語や英語が中心になる。

ちなみにロシア語や英語を読む場合には、カシオ計算機の電子辞書ＥＸ-ｗｏｒｄ

（XD - SF7700）を必ず横に置いている。この辞書には、『**コンサイス露和辞典 第5版**』と『**コンサイス和露辞典 第3版**』のみならず、オックスフォード大学出版局の露英辞典と英露辞典も収録されている。さらに『**ブリタニカ国際大百科事典**』も収録されているので、わからない事項をチェックするのに便利だ。

実際に深夜に読んだ本をいくつか紹介しておく。

①アレクセイ・トルストイ『苦悩の中を行く』（モスクワ・アメリテヤ出版、ロシア語）

日本で有名なレフ・トルストイとは別のトルストイで、ロシア革命後に一時期西側に亡命したが、ソ連に帰国した過去を持つ。本書は、ロシア革命に直面したインテリの苦悩を描く古典的作品で（中央公論社『**世界の文学**』第45〜46巻に邦訳がある）、翻訳では読んだが、ロシア語原文を読んでいなかったので、語学力を維持する目的を兼ねて読んだ。

外国語の書籍は、易しい順に法律書、経済書、歴史書、哲学書、小説となる。最も難しいのが詩だ。筆者の場合、辞書を引きながら小説を読むと時間がかかるし、意味がまったくとれない場合があるので、外国の小説は原則として邦訳で読むことにしている。そして、「どうしても原語で読みたい」という思いが募る小説は、邦訳を読んだ後、原語で読むようにしている。

毎日、最低数十ページは外国語の本を読むようにしている。これは基礎運動のようなもので、外国語にまったく触れない期間が1カ月くらいあると、語学力は急速に減退するからだ。毎日いずれかの外国語に触れることが、外国語を用いる脳の活性化に不可欠だと筆者は考えている。

それから、日本の小説の外国語訳を読むことで、語学力を向上させることができる。具体的には、村上春樹『**海辺のカフカ**』のロシア語訳、遠藤周作『**沈黙**』の英語訳、夏目漱石『**吾輩は猫である**』のドイツ語訳を通読したが、これらの読書は語学力向上に役立った。いまは村上春樹『1Q84』のロシア語訳とドイツ語訳を読んでいる。

また、外国語と日本語の対訳本も、単語を増やしたり、外国語の言い回しを覚えるうえで役に立つ。最近、小説の対訳本はあまり出ていないが、神田神保町の古本屋街で南雲堂や大学書林の対訳本（200〜500円くらい）を見つけると、まだ読んだことのない本ならば必ず購入することにしている。

②高橋洋一『恐慌は日本の大チャンス　官僚が隠す75兆円を国民の手に』（講談社）

自民党から民主党への政権交代によって、日本の国家体制、社会体制に大きな断絶が生じたことは間違いない。この構造転換が何を意味するかに筆者は強い関心を持つ。現在進行形の出来事は、まずその道のプロたちの見方をきちんと押さえておかなくてはならない。だから、このカテゴリーの新刊書には必ず目を通すようにしている。

③千種義人『経済学』（同文館）

60年代から80年代前半まで、アカデミズムでマルクス経済学が影響力を持っていた時期の近代経済学の標準的教科書を集中的に読んでいる。当時の近代経済学者が、マルクス経済学についてどういう認識を持っていたかについて調べている関係で、こういう作業を進めている。

ちなみに、2000年以降に出た近代経済学の教科書は、70年代のころのものと比較して、数学のウェイトが低くなっている。大学レベルの教科書の内容にも学力低下が如実に反映されている。「わからない内容のものは売れない」という市場原理が貫徹していることがよくわかる。

④平田清明『市民社会と社会主義』（岩波書店）

マルクスの『資本論』について、経済評論家の勝間和代氏と意見交換をしたことがあるが、筆者には、なぜ勝間氏が新自由主義の礼賛者で、競争をあおる人物のように誤解されているのかがよくわからない。勝間氏の著作を虚心坦懐に読めばそのような誤読はできないはずである。現下資本主義体制の下で、格差を是正し、尊厳のある人間的生活をどのようにすれば現実的に獲得できるのかを、勝間氏は自分の頭で真剣に考え、実践している。

『資本論』について議論したときに勝間氏が「最近、市民社会に関心を持っている」と述べたので、参考資料としてこの本を送った。学生時代に読んだ中で印象には残ったが、それほど強い影響は受けなかったものだが、今回読み直してみて、国家への依存を極力減らした市民社会を強化することの重要性を再認識した。

このように、以前読んだ本をもう一度読み直すことで（読書時間も1回目のときと比べて半分以下になる）、新たな着想を得ることがある。

◆短時間睡眠のコツは二度寝をしないこと

寝る前の読書も、筆者は基本的には机に向かって行っている。仕事部屋には簡易ベッドを置いてあるので、同じ行を目で何度も追うようになったときはベッドの上で15

分くらい横になると、疲れがとれる。

ちなみに筆者はソファを仕事場に置いていない。心地がよいので、ソファの上で横になり、そのまま寝てしまうからだ。中途半端な睡眠では身体の疲れがとれないので、寝るときはベッド（簡易ベッドを含む）に横になることにしている。簡易ベッドであっても、寝ることを目的に作られているので、ソファよりはずっと疲れがとれる。

短時間睡眠のコツについて、読者からよく質問が寄せられるので少し細かく説明しておく。筆者の場合、仕事中に睡魔が襲ってきたとき、すぐに寝ることができる状態を作っている。

睡魔の目安は、執筆のときはキーボードを打っていると眠くなり、打ち間違えが続くときで、読書については、同じ行を何度も目で追って、読書が進まなくなったときだ。こういうときは、すぐにベッドに横になる。だいたい15分間横になっていれば疲れがとれる。

「どうして15分という短い時間で目を覚ますことができるのですか。目覚まし時計をかけるのですか」という質問もよく受ける。目覚まし時計は、絶対に起きないと仕事が間に合わない場合以外はかけない。うとうとしていて、「ハッ」と目が覚める瞬間がある。そのときに思い切って起きるのだ。

筆者の場合、そのようにして1回目に目が覚める瞬間がぴったり15分で、2回目が30〜40分くらいのときだ。そして2回目で起きないと、だいたい3時間くらい経ったところで目が覚める。

もっともそのときに起き上がらずにうとうとすると、また寝てしまう。ずるずる寝ているだけならば8時間でも10時間でも睡眠時間を延ばすことができるが、それでより快適になるわけでもない。そこで3時間睡眠が基本形になっているのだ。この習慣は学習塾に通うようになった中学1年生のときに身について、現在まで続いている。

ただし、睡眠時間は個人差が大きい。睡眠法は、「自分の体質に合わせて、必要で十分な時間をとる」という以外の方策がない。あえて言うならば「ハッ」と目が覚める瞬間を逃さずに、二度寝、三度寝をしないことだ。

◆細切れの時間をどう活用するか？
――向く本と向かない本がある

ビジネスパーソンの場合、筆者のようにまとまった読書時間を確保するのは難しいかもしれない。その場合は、細切れ時間をうまく活用できるかどうかが鍵になる。

インテリジェンスの世界で、よく訓練されている専門家は、10〜15分の細切れ時間を有効に活用する。ホテルのロビーで待ち合わせる10分くらいの時間で、国際問題に関する論文を読んで、論点を頭の中で整理することができる。インテリジェンス機関の教育では、集中力と記憶力を向上させる訓練を徹底的に行うので、このような技法が身につく。

ビジネスパーソンも慣れれば、10〜15分の細切れ時間を上手に活用することができるようになる。読書だけが目的ならば、あえて机に向かう必要はない。ベッドの中で寝ながらでも、通勤電車の中でも本を読むことはできる。

ただし、同じ読書でも、細切れ時間に読むのに向く本と向かない本がある。これは本の難易度とは直接関係はない。

自分の得意な分野の本ならば、専門書や学術書であっても、通勤電車の中や騒々しい喫茶店で読んでも理解できるだろう。筆者の場合、現代キリスト教神学やロシアの民族問題に関する専門書は、それほど苦労することなく内容の把握ができる。

これに対し、たとえばアイルランド語の入門書（梨本邦直『**ニューエクスプレス アイルランド語**』白水社）は、机にきちんと向かわないと理解できない。巻末の単語リストも入れて、わずか152ページの本だ。梨本氏の記述はわかりやすく、おそらくアイルランド語の教科書では、世界で五指に入る優れた本である。それでも消化するためには時間がかかる。これは語学書の宿命だ。

語学にかぎらず、未知の分野の本や、シャーペンを片手に基本書を熟読するようなときは、やはり机に向かって行うほうが効率的だ。

ビジネスパーソンは忙しい。学生時代のように、毎日6～7時間、机に向かうことは非現実的だ。1日1時間、机に向かう時間を確保すれば十分可能である。筆者の経験則で言うと、それ以下の時間だと効果が出ない。

忙しいビジネスパーソンでも、昼休みに20分、出社前か会社の帰り道にカフェで30分、夜寝る前に10分で計1時間を作り出すことはできるはずだ。逆に1日3時間をかけても集中力が続かない。1～2時間が適正だ。要は休日を含め、継続を怠らないことだ。

時間を効率的に用いるためには、「終わりから考える」ことも効果的だ。年頭に学習計画を立て、半年後、1年後に自分が何をしているかを考え、そのために必要な知識をどのようにして身につけたらよいかを考えると、効率よく知識を身につけることができる。

◆場所を変えると効率も変わる
——理想の読書環境は人によって異なる

2010年8月、箱根仙石原に新しい仕事場を作り、外交官時代にイギリス、ロシア、チェコで集めた外国語の本と、神学、哲学、文学関係の本や資料はこの仕事場に移動した。6万冊収納できるスペースがあるので、75歳まで仕事をするということであれば、雑誌までとっておこうと欲張らないかぎり、いまある本はすべてそこに納まるはずである。

筆者の場合、周囲にある本の種類によって着想が変わる。東京では、政治や外交に関する評論の文をもっぱら綴り、それ以外の仕事は箱根でするようにしている。置いている本が違うので、必然的に、読む本も異なる。

以前は町の喫茶店にもよく行ったが、最近は声をかけられることが多くなり、気軽に行ける場所が限られてしまった。ホテルのラウンジにはときどき行くが、基本的には自宅か仕事場で読書もしている。気分転換をしたくなったり、きちんと本を読みたくなったときは箱根に行く。

環境が変わると、効率も変わる。ただし、人にはそれぞれ場所の相性があるので、理想の読書環境は人によって異なる。

筆者は図書館をあまり利用しない。図書館の本は書き込みができないからだ。しかし、図書館での読書が効率的だという人もいるはずである。落ち着いた喫茶店を好む人もいれば、電車の中がいちばん捗《はかど》るという人もいる。あるいは、有料の自習室がいいという人もいるはずだ。人間はケチな動物なので、カネを払うと払った以上を取り返したくなる。その特性を利用するわけだ。

大事なのは、自分にとっていちばん読書が捗る場所を見つけ、作ることである。抽象的なスペースではなく、個性と結びついた場所をギリシャ語で「トポス」というが、自分なりの「トポス」を作ることで時間を圧縮した読書をすることができる。

◆「小さな場所の変化」と「大きな場所の変化」

こうした「小さな場所の変化」に加えて、「大きな場所の変化」も読書を活性化させるのに役に立つ。

たとえば筆者は『月刊日本』（K＆Kプレス）の読者と、毎月1回、勉強会をしている。『**太平記**』の読み解きを行い、過去の知的遺産を現代の日本の社会と国家を強化するために活用することを考えている。

そして毎年1回、奈良県の吉野町で、特別の勉強会をしている。「本を読むならば、東京の会議室で読んでも、吉野まで行って読んでも同じこと。往復の移動時間が無駄になるではないか」と思うかもしれないが、そうではない。後醍醐天皇の墓があり、南北朝時代の南朝の里である吉野という場で読むことによって、時間を圧縮することができるのだ。

２０１０年の勉強会には、21歳の大学生から今年90歳になった陸軍中野学校第5期生の渡辺秀生氏まで、約70歳差という幅広い人々が60人参加した。

１９３７年に文部省が刊行した**『国体の本義』**を、一人ひとりが輪読するゼミ方式で、全体で10時間半の講義を大学院の修士課程のレベルで行った。10時間半というと、大学の講義で7回分に相当するが、実際は通年講義（30回）で行う内容について話した。時間を約4倍に圧縮したことになる。

なぜそのようなことが可能になるかというと、特別の場所で講義を行ったからだ。

吉野というと山伏の修験道の本山だ。金峯山《きんぷせん》修験本宗・宗務総長の田中利典師、東南院住職の五條良知師は、山伏としての修行を積まれているとともに、仏教理論、哲学思想にも明るい。お二人の御厚意で、東南院の講堂を貸していただいた。古来より、修験道を志す人々が学んだ場所で、勉強会を行うことで、学習意欲がかき立てられる。

また、吉水神社での講義では、かつて後醍醐天皇が居住した部屋を特別に貸してくださった。そこには一段高くなった後醍醐天皇の玉座がある。豊臣秀吉も、吉野の花見で、吉水神社(当時は神仏混淆で吉水院と呼ばれていた)のこの部屋を訪れたことがあるが、権力の絶頂を極めた豊臣秀吉でも玉座には座らなかったという。佐藤素心(一彦)宮司から説明を聞きながら、参加者たちは、「日本の国家原理において、権威と権力が分離している」ということを、玉座の5センチくらい高い畳を見ることで体感する。

さらに参加者の渡辺氏が、70年前、陸軍中野学校の卒業演習で、吉野を訪れたときのことを話してくれた。捕虜になるくらいならば自決せよ、という文化の旧陸軍において、中野学校のインテリジェンス将校たち(当時は秘密戦士と呼ばれた)は、生きて捕虜となり、敵に偽情報を流して攪乱せよという教育を受けた。そして、軽々に死ぬのではなく、徹底的に生き抜くことで同胞のためと日本国家のために奉仕せよと教えられた。南朝の歴史からその実例を学んだのである。

戦後、GHQ(連合軍総司令部)によって『国体の本義』は禁書に指定された。現在も、日本を戦争に導いた煽動文書であるという間違えたレッテルが貼られている。

あれほど当時の日本人の思想形成に影響を与えたテキストにもかかわらず、まともに読まれていない。大学院で『国体の本義』を扱うためには、このテキストに対する偏見を取り払うのに通年講義30回のうち、10回くらいを費やす必要があるだろう。

それが、東南院、吉水神社という場を得て、陸軍中野学校出身の渡辺氏から国体観についての講話を聞くことで、勉強会参加者は偏見を瞬く間に除去することができたのだ。

後は、虚心坦懐にテキストの術語を解説して、論理を追って読み解いておけばよい。東南院や吉水神社と合わさり、『国体の本義』のテキストの内容を、勉強会参加者はおそらく一生忘れることがないと思う。

特定の場に移動することで、時間を圧縮し、記憶力を強化することが可能になる。

◆テーマを決め、週に1回書評の会合を行う

専門分野を持つ人々が集まって行うブックレビュー（書評）によっても、短期間に知識の水準を底上げすることができる。インテリジェンス機関の分析部局では、このような書評の会合が重視されている。

現役外交官時代、筆者が統括していたロシア情報収集・分析チームでも、チームを

立ち上げてから最初の半年くらい、集団で書評を行った。チーム名にはロシアが冠されていたが、そこには中東、中央アジア、韓国・北朝鮮を専門とする外交官も参加していた。いずれの外交官も英語はソコソコの水準に達している。

そこで、自分が専門とする分野の本、あるいはインテリジェンスの観点から役に立つ本について、A4判1枚程度（文字数で400字×3〜4枚）のレジュメを作ってくる。慣れると30分でレジュメを1枚作ることができる。1回の会合で、一人で最低2冊の本についてレジュメを作るようにする。

読書のスピードが速い人は7〜8冊について報告することができる。本の内容についてはレジュメにまとめられているので、会合での発表は、インテリジェンスや北方領土交渉を進めるうえで、どの点が役に立つかというところに絞って行う。

筆者の印象に残っている一例を挙げれば、デヴィッド・W・モラー『**詐欺師入門 騙しの天才たち その華麗なる手口**』（光文社）について、あるキャリア職員が書評をした。一級の詐欺師は、だました相手に「だまされた」という認識を持たせず、かえって感謝されるという。この技法が情報収集やロビー活動に使えるのではないかというのだ。実際この本に書かれている内容を少し変形して、情報収集活動に使ってみたら、確かに効果があった。

このようにして、1時間で20冊程度の本について書評の会合によって知識を身につけることができた。1カ月で80冊の本の内容をかなり深く理解することができたのだ。

読者にも、何人かでテーマを決めて、1週間に1回、書評の会合を行ってみることをすすめる。この場合、書評で取り扱う専門書を30～50冊にして、それらの本をすべて消化したところで、会合を終えることだ。恒常的な勉強会となると、組織維持にエネルギーを割かれる。これを避けるのだ。

2002年、鈴木宗男疑惑で筆者が逮捕されたとき、東京地方検察庁特別捜査部はこのブックレビューの会合に強い関心を持ち、筆者の元同僚を呼び出して、徹底的な事情聴取を行った。このような読書を通じた知恵の集積に危険なにおいを感じた検察官の嗅覚が、筆者には実に興味深かった。

おわりに

筆者は、本書を通じ、読者に、読書の有用性について訴えたかった。

筆者は外交官時代、情報大国のインテリジェンス（特殊情報）専門家といっしょに仕事をすることが何度もあった。

優れたインテリジェンス・オフィサーは、いずれも大学教授として通用する知識人で、読書好きだった。雑談をしていると必ず「最近読んで、面白かった本は何か」という話になった。

こういうときに国際関係やインテリジェンスに関する本のタイトルを挙げると、「なんだ、そんな本ならば、この業界の人間ならば誰でも読んでいる」というような反応をされる。歴史書や哲学書、さらに小説など、意外な本を挙げないとならない。ただし、この意外な本はどこかで仕事に関連している。

ロシアのインテリジェンス・オフィサーからは九鬼周造**『「いき」の構造』**（岩波文庫）が面白いと言われた。

どこが面白いのかと尋ねると、相手は、「外交交渉でも日本人を相手にするときは、ロシア側の主張を一歩手前でとどめて、すべて出し尽くさないほうがよりよい成果を得ることができる。結論を言語にせず、一歩前でとめるのが、いきで、すべて言い切ってしまうと野暮になる。ロシアは野暮な交渉ばかりしていたので、日本との戦略的提携ができなかった」と答えた。日本の哲学書を通じて、このロシア人は日本人を相手にする交渉術について考えていたのだ。

イスラエルのインテリジェンス・オフィサーは、村上春樹の小説を手当たり次第に読んでいた。特に**『ノルウェイの森』**（上下、講談社文庫）の話が、複数の人から出た。主人公のワタナベよりも、寮の先輩で外交官になる永沢について、「ああいうタイプの人が日本の外務省には多いのか」と尋ねられた。どうも『ノルウェイの森』を通じて、日本の外務官僚の性格（イスラエル人から見てもかなり変わっている人が多い）について知ろうとしていたようだ。

興味深いのは、エフライム・ハレビー氏（ヘブライ大学教授）の読書に対する態度だった。ハレビー氏がモサド（イスラエル諜報特務庁）の長官をつとめているときに、筆者は同氏と何度か話し込んだことがある。

ハレビー氏は、ロシア思想や文学に通暁している。ハレビー氏の専門は法学で、ロシアについて専門に勉強したことはない。そこで「どうしてロシアの思想や文学について詳しいのか」と尋ねると、「私はイギリスのオックスフォードで生まれ育ったが、伯父がケンブリッジ大学でロシアについて教えていたので、子どものころから耳学問でロシアについて知った」とハレビー氏は答えた。筆者が「伯父さんの名前は」と尋ねると、「アイザイア・バーリン（著名な文芸批評家）だ」と答えた。

そのときハレビー氏が、「学者になろうと思ったことが一度もなかったといえば、嘘になる。しかし、私は性格的に、読書のための読書、知識のための知識という学者の世界で生きていくことが性格的にできないと思ったので、この（インテリジェンスの）世界に入った。モサドでも情報のための情報、分析のための分析が多すぎる。そういうことには意味がない。情報も分析も、国家と国民の生き残りのために使わないと意味がない」と述べた。インテリジェンスの技法を、読書術に応用することも考えながら筆者は本書を書いた。

本書は、『週刊東洋経済』に2007年5月から連載中の「知の技法 出世の作法」のうちの読書に関する部分を大幅に加筆、編集したうえで単行本にしたものです。

本書を編集する過程で、東洋経済新報社の中里有吾氏、ライターの高橋扶美氏から貴重な助言と協力を得ました。深く感謝申し上げます。

２０１２年6月27日

佐藤優

［特別付録］本書に登場する書籍リスト

＊登場順・初出のみ掲載

はじめに

佐藤優『国家の罠 外務省のラスプーチンと呼ばれて』新潮文庫、2007年
フョードル・ドストエフスキー『カラマーゾフの兄弟』全3冊（原卓也訳）、新潮文庫、1978年
ユルゲン・ハーバーマス『コミュニケイション的行為の理論』全3巻（河上倫逸／藤沢賢一郎／丸山高司他訳）、未來社、1985〜1987年
水谷智洋『古典ギリシア語初歩』岩波書店、1990年
荒木英世『CDエクスプレス 古典ギリシア語』白水社、2003年

第Ⅰ部 本はどう読むか

第1章◆多読の技法——筆者はいかにして大量の本を読みこなすようになったか

小室圭吾／野口幸雄『ハムになる本』CQ出版社、1974年
酣燈社航空情報編集部編『日本軍用機の全貌』酣燈社、1955年
酣燈社航空情報編集部編『日本傑作機物語』正続、酣燈社、1959〜1960年
小倉金之助／彌永昌吉／遠山啓他編『新初等数学講座』全10巻、ダイヤモンド社、1962年

ギ・ド・モーパッサン『モーパッサン短編集2』(青柳瑞穂訳)新潮文庫、1971年
太宰治『晩年』新潮文庫、2005年
島崎藤村『破戒』新潮文庫、2005年
田山花袋『蒲団・重右衛門の最後』新潮文庫、1952年
夏目漱石『こころ』新潮文庫、2004年
ジェルジ・ルカーチ『歴史と階級意識』(平井俊彦訳)未來社、1998年
カール・マルクス/フリードリヒ・エンゲルス『共産党宣言』(大内兵衛/向坂逸郎訳)岩波文庫、1971年
エンゲルス『空想より科学へ　社会主義の発展』(大内兵衛訳)岩波文庫、1966年
大井正/寺沢恒信『世界十五大哲学　哲学思想史』富士書店、1962年
ジャン=ポール・サルトル『壁』(伊吹武彦訳、『サルトル全集』第5巻)人文書院、1950年
——『方法の問題　弁証法的理性批判序説』(平井啓之訳、『サルトル全集』第25巻)人文書院、1962年
ヘルマン・ノール編『ヘーゲル初期神学論集II』(久野昭/中埜肇訳)以文社、1974年
ウンベルト・エーコ『記号論』全2巻(池上嘉彦訳)、岩波書店、1996年
『ロシアの諸民族』全12巻(ロシア語、邦訳なし)
『ラトビアの民族情勢』(ロシア語、邦訳なし)
『タジキスタンの民族情勢』(ロシア語、邦訳なし)
『ヴォルガ地区のドイツ人』(ロシア語、邦訳なし)
佐藤優『自壊する帝国』新潮文庫、2008年
『岩波講座　世界歴史』全31巻(旧版)、岩波書店、1969〜1974年

『岩波講座 日本歴史』全23巻（第2次）、岩波書店、1962～1964年
エマニュエル・トッド『移民の運命 同化か隔離か』（石崎晴己／東松秀雄訳）藤原書店、1999年
――『デモクラシー以後 協調的「保護主義」の提唱』（石崎晴己訳）藤原書店、2009年
フリードリヒ・リスト『経済学の国民的体系』（小林昇訳）岩波書店、1970年

第2章◆熟読の技法――基本書をどう読みこなすか

藤原正彦『国家の品格』新潮新書、2005年
鈴木琢磨『テポドンを抱いた金正日』文春新書、2006年
ゴットフリート・ライプニッツ『単子論』（河野与一訳）岩波文庫、1951年
松本保美編『シグマベスト 理解しやすい政治・経済 改訂版』文英堂、2008年
東郷和彦『北方領土交渉秘録 失われた五度の機会』新潮文庫、2011年
田中美知太郎／松平千秋『ギリシア語入門 改訂版』岩波書店、1962年
山田盛太郎『日本資本主義分析』岩波文庫、1977年
コンラート・ローレンツ『ソロモンの指環 動物行動学入門』（日高敏隆訳）ハヤカワ・ノンフィクション文庫、1998年
カール・バルト『教会教義学』全36冊（吉永正義／井上良雄／菅円吉訳）、新教出版社、1959～1996年
G・W・F・ヘーゲル『精神現象学』上下（樫山欽四郎訳）、平凡社ライブラリー、1997年
矢崎美盛『ヘーゲル精神現象論』岩波書店、1936年

ベネディクト・アンダーソン『定本 想像の共同体 ナショナリズムの起源と流行』(白石隆/白石さや訳) 書籍工房早山、2007年
アーネスト・ゲルナー『民族とナショナリズム』(加藤節監訳)岩波書店、2000年
アントニー・D・スミス『ネイションとエスニシティ 歴史社会学的考察』(巣山靖司/高城和義他訳)名古屋大学出版会、1999年

第3章◆速読の技法――「超速読」と「普通の速読」

廣松渉/牧野英二/野家啓一/松井賢太郎『カントの「先験的演繹論」』世界書院、2007年
廣松渉『世界の共同主観的存在構造』講談社学術文庫、1991年
――『存在と意味 事的世界観の定礎』全2巻、岩波書店、1982~1993年
高橋利明『お母さんのハートを打ったJRのレールマンたち 現場が育む「安全」に関する報告書』日本評論社、2007年
マルクス著/エンゲルス編『資本論』全9冊(向坂逸郎訳)、岩波文庫、1969~1970年
限部正博『四訂版 数学基礎論 ゲーデルの不完全性定理』放送大学教育振興会、2008年
アレクサンドル・リトヴィネンコ/ユーリー・フェリシチンスキー『ロシア闇の戦争 プーチンと秘密警察の恐るべきテロ工作を暴く』(中澤孝之監訳)光文社、2007年
岩崎夏海『もし高校野球の女子マネージャーがドラッカーの『マネジメント』を読んだら』ダイヤモンド社、2009年

近松門左衛門著／諏訪春雄訳注『曾根崎心中 冥途の飛脚 心中天の網島 現代語訳付き』角川ソフィア文庫、2007年
三遊亭円朝『怪談 牡丹燈籠』岩波文庫、2002年
長谷部誠『心を整える。』幻冬舎、2011年
ジョセフ・メン『サイバー・クライム』(福森大喜監修、浅川佳秀訳) 講談社、2011年
ルートヴィヒ・ウィトゲンシュタイン『論理哲学論考』(野矢茂樹訳) 岩波文庫、2003年
滝沢誠『権藤成卿 その人と思想 昭和維新運動の思想的源流』ぺりかん社、1996年

第4章◆読書ノートの作り方――記憶を定着させる抜き書きとコメント

ウラジーミル・レーニン『哲学ノート』(マルクス＝レーニン主義研究所訳、『レーニン全集』第38巻) 大月書店、1961年
ヘーゲル『歴史哲学講義』上下(長谷川宏訳)、岩波文庫、1994年

第5章◆教科書と学習参考書を使いこなす――知識の欠損部分をどう見つけ、補うか

大城立裕『小説 琉球処分』上下、講談社文庫、2010年
司馬遼太郎『坂の上の雲』全8冊、文春文庫、1999年
佐藤次高／木村靖二／岸本美緒／青木康／水島司／橋場弦『詳説 世界史 改訂版』山川出版社、2012年

山崎廣明／平島健司／阪口正二郎／粕谷誠／村田彰夫／出川清一／近藤幹雄『詳説 政治・経済』山川出版社、2012年
マルティン・ハイデッガー『存在と時間』上下（細谷貞雄訳）、ちくま学芸文庫、1994年
青木裕司『NEW青木世界史B 講義の実況中継』全5巻、語学春秋社、2005年
石井栄二編『詳説 世界史書きこみ教科書 世界史 改訂版』山川出版社、2007年
鈴木敏彦『ナビゲーター世界史B』全4巻、山川出版社、2005年
佐々木巧／塚原直人編『30日完成スピードマスター世界史問題集 世界史B』山川出版社、2006年
神奈川県高等学校教科研究会社会科部会歴史分科会編『世界史A問題集』山川出版社、2006年
塩田徹／永井英樹編『各国別世界史ノート 重要事項記入式』山川出版社、1998年
世界史教育研究会編『世界史B 世界史問題集 新課程用』山川出版社、2005年
植村光雄／金貞義／寺田尚志／堀江雅明『関関同立大世界史 改訂第4版』河合出版、2004年
木下康彦／木村靖二／吉田寅編『詳説 世界史研究 改訂版』山川出版社、2008年
河上肇著／大内兵衛解題『貧乏物語』岩波文庫、1965年
鳥海靖／三谷博／渡邉昭夫／野呂肖生『現代の日本史 改訂版』山川出版社、2012年
外務省編『外交青書2012』日経印刷、2012年
防衛省編『平成23年版 日本の防衛 防衛白書』ぎょうせい、2011年
『日本国勢図会 日本がわかるデータブック 第70版』矢野恒太記念会、2012年
『世界国勢図会 世界がわかるデータブック 第22版』矢野恒太記念会、2011年
出口汪『NEW出口現代文講義の実況中継』全3巻、語学春秋社、2007年

芳沢光雄『新体系 高校数学の教科書』上下、講談社ブルーバックス、2010年
高橋一雄『もう一度 高校数学』日本実業出版社、2009年
立花隆『東大生はバカになったか 知的亡国論+現代教養論』文春文庫、2004年
野矢茂樹『新版 論理トレーニング』産業図書、2006年
田代嘉宏/難波完爾編『新編 高専の数学3 第2版・新装版』森北出版、2010年
田島一郎『イプシロン-デルタ』共立出版、1978年
木下栄蔵『わかりやすい意思決定論入門 基礎からファジィ理論まで』近代科学社、1996年

第6章◆小説や漫画の読み方

池田理代子『ベルサイユのばら』全5冊、集英社文庫、2009年
横山光輝『三国志』全30冊、潮漫画文庫、2000年
石ノ森章太郎『マンガ日本経済入門』全4冊、日経ビジネス人文庫、2001~2002年
原作:梶原一騎/作画:川崎のぼる『巨人の星』全11冊、講談社漫画文庫、1995年
水木しげる『ゲゲゲの鬼太郎』全7冊、ちくま文庫、1994年
臼井儀人『クレヨンしんちゃん』全50冊、双葉社、1992~2010年
ほしよりこ『きょうの猫村さん』1~5巻、マガジンハウス、2005~2011年
イスマイル・カダレ『死者の軍隊の将軍』(井浦伊知郎訳)松籟社、2009年
村上春樹『1Q84』全6巻、新潮文庫、2012年

ミラン・クンデラ『存在の耐えられない軽さ』（西永良成訳）河出書房新社、2008年

第7章◆時間を圧縮する技法――時間帯と場所を使い分ける

東京大学社会科学研究所編『ファシズム期の国家と社会3 ナチス経済とニューディール』東京大学出版会、1979年
大内力『国家独占資本主義』東京大学出版会、1970年
『務台理作著作集 第6巻 社会と実存』こぶし書房、2002年
マーク・テイラー『さまよう ポストモダンの非／神学』（井筒豊子訳）岩波書店、1991年
増山元三郎『デタラメの世界』岩波新書、1969年
Karl Marx『Der achtzehnte Brumaire des Louis Bonaparte』Reclam, Leipzig, 1982（邦訳：マルクス『ルイ・ボナパルトのブリュメール18日 初版』［植村邦彦訳／柄谷行人付論］平凡社ライブラリー、2008年）
河野与一著／原二郎編『新編 学問の曲り角』岩波文庫、2000年
山下正男『論理学史』岩波全書、1983年
吉田謙二監修『現代哲学の真理論 ポスト形而上学時代の真理問題』世界思想社、2009年
三瀬茂利『高校数学から大学受験まで必携の 解法のパターン数学公式集』研文書院、1998年
藤本佳久『例題と演習で学ぶ 文系のための数学入門』学術図書出版社、2009年
井桁貞義編『コンサイス露和辞典 第5版』三省堂、2003年
井桁貞義編『コンサイス和露辞典 第3版』三省堂、2005年

『ブリタニカ国際大百科事典 小項目版 2012』(ブリタニカ・ジャパン、2012年、電子版のみ)
アレクセイ・トルストイ『苦悩の中を行く』(モスクワ・アメリテヤ出版、1993年、ロシア語)(邦訳:『世界の文学』第45~46巻〔金子幸彦訳〕、中央公論社、1967年)
村上春樹『海辺のカフカ』上下、新潮文庫、2005年
遠藤周作『沈黙』新潮文庫、1981年
夏目漱石『吾輩は猫である』新潮文庫、2003年
髙橋洋一『恐慌は日本の大チャンス 官僚が隠す75兆円を国民の手に』講談社、2009年
千種義人『経済学』同文館、1967年
平田清明『市民社会と社会主義』岩波書店、1969年
梨本邦直『ニューエクスプレス アイルランド語』白水社、2008年
長谷川端校注・訳『太平記』全4冊、小学館、1994~1998年
文部省編『国体の本義』内閣印刷局、1937年
デヴィッド・W・モラー『詐欺師入門 騙しの天才たち その華麗なる手口』(山本光伸訳)光文社、1999年

おわりに

九鬼周造『「いき」の構造 他二篇』岩波文庫、1979年
村上春樹『ノルウェイの森』上下、講談社文庫、2004年

著者紹介

作家，元外務省主任分析官．1960年，東京都生まれ．

1985年に同志社大学大学院神学研究科修了後，外務省入省．在英国日本国大使館，在ロシア連邦日本国大使館に勤務した後，本省国際情報局分析第一課において，主任分析官として対ロシア外交の最前線で活躍．2002年，背任と偽計業務妨害容疑で東京地検特捜部に逮捕され，2005年に執行猶予付き有罪判決を受ける．2009年に最高裁で有罪が確定し，外務省を失職．

2005年に発表した『国家の罠 外務省のラスプーチンと呼ばれて』で第59回毎日出版文化賞特別賞受賞．2006年に『自壊する帝国』で第5回新潮ドキュメント賞，第38回大宅壮一ノンフィクション賞受賞．『獄中記』『交渉術』『外務省に告ぐ』『国家の「罪と罰」』など著書多数．

読書の技法

2012年 8 月 9 日 第 1 刷発行
2012年 9 月 7 日 第 4 刷発行

著 者 佐藤《さとう》 優《まさる》
発行者 柴生田晴四
発行所 〒103-8345 東京都中央区日本橋本石町 1-2-1 東洋経済新報社
電話 東洋経済コールセンター03(5605)7021
印刷・製本 東港出版印刷

Printed in Japan ISBN 978-4-492-04469-8 http://www.toyokeizai.net/